THE
STORY
OF
CONFUCIUS

孔子的故事　李长之　作品

华中科技大学出版社
http://www.hustp.com
中国·武汉

有态度的阅读
小马过河(天津)文化传播有限公司出品

新版导读

　　李长之先生对于中国文学的研究，在现当代的学者中卓然独立，似乎很少有学者能够与其比肩。

　　虽然他只活了69岁，从事学术研究和创作的实际岁月不足40年，可留下来的论文，单就中国文学的研究已有600余篇，10余种学术专著。其作品数量惊人，跨度极大，从上古文学到现当代文学都有所涉猎，涵盖了多个领域的几乎所有重要作家。其研究所及，几乎就是一部完整的中国文学史，实际上这也正是他的毕生渴望——用尽心血撰写一部像样的中国文学史。他的论著质量也非常高。长之先生去世后，其著作没有被人忘记，被汇成文集，许多专著被多家出版社争相出版，有的一版再版，像他的《孔子的故事》现已有二十多个版本；有些著作还被译成英、俄、日等国文字在海外流行，有着极高的学术声誉。

　　长之先生的中国文学研究，虽然精彩纷呈、风姿各异，却也有着统一的风格，带有长之先生特有的烙印，这些烙印散见于论文，更鲜明地集中体现在他研究作家的传记中。也因此，长之先生虽然集诗人、学者、批评家、翻译家于一身，却往往被一些学者称为传记文学作家或传记式文学批评家。

长之先生的传记式文学批评简单概括起来有这么几个突出的特点：

其一，是视野开阔，能够把传主的生平事迹、学术成就、后世影响，不仅置于当代的背景，而且置于中国的文学长河中审视，尤能放在世界文化的大背景下考察，并给以透彻明了的说明。

长之先生会多种语言，学贯中西，他常言有三个向往的时代，"这三个向往的时代：一是古代的希腊，二是中国的周秦，三是德国的古典时代"①。在叙述传主生平的时候，他往往以这三个时代为参照。谈孔子，他开宗明义说："二千五百年前，也就是公元前六世纪左右，世界上几个古老的文明国家都呈现了灿烂的古代文化，一些杰出的学者和思想家就是这种灿烂文化的代表。在希腊有自发唯物论的奠基者泰勒斯（约在公元前六二四至前五四七年）和辩证法的奠基者赫拉克利特（约在公元前五四〇至前四八〇年），在印度有佛教的创始人释迦牟尼（约生于公元前五五〇年），在中国有孔子（公元前五五一至前四七九年）。"②谈司马迁的历史观，他说："一个历史家的可贵，首在有一种'历史意识'。有历史意识，然后才能产生一种历史范畴。历史范畴是什么呢？历史范畴就是演化。凡是认为一切不变的，都不足以言史。自来的思想家，不外这两个观点：一是从概念出发，如柏拉图，如康德；一是从演化出发，如亚里斯多德，如黑格尔。司马迁恰恰是属于后者的。

---

① 李长之. 李长之文集：第十卷[M]. 石家庄：河北教育出版社，2006：151.
② 李长之. 李长之文集：第一卷[M]. 石家庄：河北教育出版社，2006：135.

用他的名词说，就是变，就是渐，就是终始。"①叙及李白的才气，他比照说："倘若说在屈原的诗里是表现着为理想（Ideal）而奋斗的，在陶潜的诗里是表现着为自由（Freiheit）而奋斗的，在杜甫的诗里是表现着为人性（Menschlichkeit）而奋斗的，在李商隐的诗里是表现着为爱（Liebe）、为美（Schönheit）而奋斗的，那么，在李白的诗里，却也有同样表现着的奋斗的对象了，这就是生命和生活（Leben）。"②对于李白的豪气和才气，他说："李白诗的特色，还是在他的豪气，'黄河之水天上来'，这是再好也没有的对于他的诗的写照了！在一种不能包容的势派之下，他的诗一无形式！或者更恰当地说，正如康德（Kant）那意见，天才不是规律的奴隶，而是规律的主人（Das Genie ist Meister der Regelu und nicht ihr Sklave），李白是充分表现出来了。"③

文学传记中对于人物的评价描述，颇近似于物理学中的定位。物理学中对于物体的定位，原则是参照的坐标越多，审视的高度越高渺，定位就越准确。现代物理的定位系统已发展为多个卫星高空定位。文学传记对于历史人物的评价描述也是这样，囿于一隅一时，坐井观天，是绝对写不出好的传记来的。正如庄子所说："夫水之积也不厚，则其负大舟也无力。覆杯水于坳堂之上，则芥为之舟，置杯焉则胶，水浅而舟大也。"

阅读长之先生的传记文学，你能够感受到他丰厚的学术根基、

---

① 李长之. 李长之文集：第六卷[M]. 石家庄：河北教育出版社，2006：339.
② 李长之. 李长之文集：第六卷[M]. 石家庄：河北教育出版社，2006：7.
③ 李长之. 李长之文集：第六卷[M]. 石家庄：河北教育出版社，2006：76.

雄阔的学术视野,他对于中国文学和世界文化了如指掌,随手拈来,参照比较,得心应手。唯其站得高远,比照观察的对象丰富,故其叙述能高屋建瓴,挥洒自如,对于传主的生平、学术、影响的判断也就格外精准,这是一些盲人摸象、目光如豆的传记作家所难以比拟的。

其二,是他的文学传记富于浓郁的感情色彩,耐读,有兴味,具有抒情性。

长之先生主张:"批评家在作批评时,他必须跳入作者的世界,他不但把自己的个人的偏见、偏好除去,就是他当时的一般人的偏见、偏好,他也要涤除净尽。他用作者的眼看,用作者的耳听,和作者的悲欢同其悲欢,因为不是如此,我们会即使有了钥匙也无所用之。"但他又说:"具体的,以我个人的例子来说,我是喜欢浓烈的情绪和极端的思想的","以感情作为批评态度","以写出感情的型作为最高文艺标准"。他说:"感情就是智慧,在批评一种文艺时,没有感情,是决不能够充实、详尽、捉住要害的。我明目张胆地主张感情的批评主义。"[1]

如果说,长之先生主张的前者是对于一般传记作家的要求的话,那么,他所主张的后者则是张扬着自己的要求,体现了他的个人色彩。

写传记时跳入传主的世界不易,与传主同悲欢,进一步诉之于有浓烈情感的文字更不易。为什么呢?因为传主是有感情的人,文学艺术家传主的感情较之一般人更是敏感丰富,否则他们怎么

---

[1] 李长之. 李长之文集:第三卷[M]. 石家庄:河北教育出版社,2006:11-13.

能写出感人的作品呢？但感知一个伟大灵魂的情感，即使不是另一个伟大的灵魂，起码要相去不远。所以古人说："音实难知，知实难逢，逢其知音，千载其一乎。"庆幸的是，有着丰厚学术根基的长之先生恰恰同时也是诗人，也是散文家，是一个在感情上敏感而丰富的人。他多思善感，读《红楼梦》可以热泪盈眶；重校自己的《司马迁之人格与风格》关于李陵案的一章，竟然"泪水一直模糊着我的眼"。他自己就是美学中"移情"的典范。所以，就"批评家在作批评时，他必须跳入作者的世界"，"就宛如自己也有那些思想和情绪"而言，他与一般的传记文学作者并没有区别；但以长之先生的性格，以他的感情的批评主义的理论和实践而言，他的传记文学所表现的感情色彩就较之一般的传记文学要强烈张扬得多。由于他具有语言天赋，他的笔锋又足以传递出那感情的浓烈，阅读他的传记文学就很容易感同身受，被其强烈的抒情性所吸引、感染。

其三，他的传记文学能够把学术性和通俗性有效地结合，雅俗共赏，老少咸宜。

长之先生的许多传记文学起初是作为通俗读物出版的。《孔子的故事》自不待言，《韩愈》在民国时期被列入"中国历代名贤故事集"，《司马迁之人格与风格》曾在《国文月刊》上连载，《道教徒的诗人李白及其痛苦》在二十世纪五十年代由三联书店以"中国历史小丛书"形式出版。但它们又有很高的学术性，不失为严谨的学术性著作。七万余字的《孔子的故事》，脚注多达二百三十九条，几乎每页都有相关的脚注，引书达几十种之多，可称言必有据。《司马迁之人格与风格》作为大学本科研究《史记》的必读书目，其中第一章的附录《司马迁生年为建元六年辩》在一九五五年还被一个叫刘际铨的人剽窃在《历史研究》上发表。为此，长之先生致信郭沫若，《历史研究》杂志发表声明致歉，而"司马迁生于建元六年"遂成为司马迁生年研究中的重要一说。他的《陶渊明传论》发表后，遂在二十世纪五十年代的古典文学界掀起了讨论陶渊明的热潮。

关于通俗读物的写作，长之先生有热情，也有明确的追求，那就是宋人所说的，"凡立言，欲涵蓄意思，不使知德者厌，无德者惑"。他一生的论著其实也都本着这一原则。但他很谦虚地表示："至于做到做不到，自己却不敢说了。"

眼下读者所见到的长之先生关于文学家的传记式批评，共有六种，它们是《孔子的故事》《司马迁之人格与风格》《陶渊明传论》《韩愈》《道教徒的诗人李白及其痛苦》，以及《鲁迅批判》。但长之先生所写成和计划想写的其实远不止这些。已经成文发表的古典文学长篇论文还有《屈原作品之真伪及其时代的一个蠡测》《孟轲之生平及时代》《西晋诗人潘岳的生平及其创作》《李清照论》《〈琵琶记〉的悲剧性和语言艺术》《关汉卿的剧作技巧》《洪昇及其〈长生殿〉》《章学诚精神进展上的几个阶段》《刘熙载的生平及其思想》《红楼梦批判》等；至于专著，尚有《杜甫论》《李商隐论纲》等未完成。后二者是早在二十世纪三十年代，长之先生撰写《道教徒的诗人李白及其痛苦》时就立志要写的。可惜天不遂人愿，虽然长之先生已然有了充分的构思，完稿指日可待，可由于某些原因，戛然而止。关于杜甫的传记，只留下提纲；关于李商隐的传记，只来得及写了论纲——均成了《广陵散》，给后人留下无比的遗憾和悬想！

于天池、李书[①]

2021年于疫情中

[①] 于天池，北京师范大学中文系教授、博士生导师。李书，九三学社中央社史研究中心研究员。

目录

孔子的故事

引子	002
一 没落的贵族和孤苦的幼年	005
二 孔子幼年时代的鲁国文化空气	008
三 在挫折中前进	011
四 教育事业的开端	016
五 孔子和老子的会见	018
六 走向成熟的道路	021
七 孔子在齐国政治活动的失败	023

八　孔子在齐国的收获和影响　027

九　孔子在混乱的鲁国中的寂寞　030

十　孔子继续从事教育事业　033

十一　从中都宰到司寇　038

十二　孔子在外交上的胜利　040

十三　孔子和鲁国贵族的斗争　043

十四　孔子终于出走　046

十五　在卫国受到监视　050

十六　过匡城被拘留　052

十七 到了晋国的边界上	055
十八 仍然回到卫国——不愉快的三年	057
十九 过宋国的时候遭到迫害	062
二十 孔子停留在陈国	064
二十一 孔子绝粮	067
二十二 孔子勾留在楚国的边缘	072
二十三 孔子再到卫国和归鲁	078
二十四 孔子归鲁后的政治言论和政治态度	082
二十五 专心从事教育工作	087

二十六 编写《春秋》	095
二十七 整理诗歌和音乐	099
二十八 弟子颜渊和子路的死	108
二十九 孔子最后的歌声	115
后记	121
附录	
从孔子到孟轲	128
孔子可谈而不可谈	155
孔子与屈原	157
孔子和《论语》	189

司马迁和孔子	192
儒家之根本精神	232
长之自订年谱	253
李长之传略	262

孔子的故事

引　子

二千五百年前,也就是公元前六世纪左右,世界上几个古老的文明国家都呈现了灿烂的古代文化,一些杰出的学者和思想家就是这种灿烂文化的代表。在希腊有自发唯物论的奠基者泰勒斯(约在公元前六二四至前五四七年)[1]和辩证法的奠基者赫拉克利特(约在公元前五四〇至前四八〇年)[2],在印度有佛教的创始人释迦牟尼(约生于公元前五五〇年),在中国有孔子(公元前五五一至前四七九年)。就中国来说,和孔子同时还先后出现了不少优秀人物,像渊博的季札,政治家晏婴、子产,思想家老子,历史家倚相、左丘明,军事家伍子胥、孙武等。

孔子出生的时期,在公元前六世纪中叶,正当中国历史上春秋时代(公元前七二二至前四八一年)的中期。这时的中国,社会生产力有了进一步的发展,如冶铁技术,已达到相当高的水平,公元前五一三年晋国用铁铸刑鼎就是一个例证;一般生产工具——农具、手工工具,大致已用铁制,由于生产工具的进步,

---

[1] 参看罗森塔尔、尤金编,中共中央马克思恩格斯列宁斯大林著作编译局译《简明哲学辞典》,人民出版社1955年版,第409页。

[2] 同上书,第673页。

农业、手工业有了很大发展。黄河中下游广大的土地被开垦了，森林等富源也有被开发的可能了。手工业则逐渐走向专业化。在农业和手工业发展的基础上，商业也发达起来，当时像孔子的弟子端木赐（子贡）、曾为越国上将军的范蠡，都以经商致富。随着社会经济的迅速发展，整个社会都有巨大的变革。这种变革标志着由奴隶制向封建制的过渡。

公元前六世纪时，在中原地区和淮水、汉水、太湖流域广大的地域里，分布着许多大大小小的诸侯国家，这些诸侯国家名义上是周天子的属国，其实是一些自主的或半自主的独立国。随着社会经济的发展，以各国诸侯、卿、大夫为代表的贵族，彼此为了争夺土地或劳动者，不断地发生兼并战争。战争的结果，许多国家灭亡了，许多贵族没落了，也有一些原来不是贵族的人，由于依附胜利的贵族而上升了。没落的贵族和原来的下层贵族以及上升的人逐渐形成了"士"这一社会阶层。这种"士"，在频繁的战争中间，在各种军事、外交、政治活动中间，获得了广泛的施展才能的机会。他们在当时中国社会由奴隶制向封建制的转化过程中，曾起了相当大的推动作用，而孔子，正是"士"这一阶层的最早的重要代表人物。

在这以前，文化是被贵族垄断的，但在社会剧烈变动、阶级关系发生新的变化时，这种垄断情况被迫改变了。没落的贵族和原来的下层贵族在这一改变中起了桥梁作用。他们顺应了广大人民学习文化、学术和各方面知识的迫切需要，开创了私人教授学生、传播文化的新教育制度。孔子就是在这种社会条件下产生的卓越的教育家。

当然，孔子不仅是个教育家，他还是个思想家。孔子是儒家的创始人，他有一套虽不周密但相当完整的思想体系和政治见解。孔子思想中最光辉的一点，是提倡"仁"，仁就是"爱人"，这反映了当时社会的现实，反映了由于奴隶制的渐趋瓦解而产生的当时庶人（广大人民）的抬头。孔子首先把文化知识普及到人民中间去，就是这种现实以及反映这种现实的人道精神的具体表现。这是孔子进步的一面。但是，孔子又主张用"礼"来制约"仁"，同时主张礼教、礼治，这就是说，孔子主张人跟人还是要按一定的等级、一定的规矩相处，也就是他说的：君要像个君，臣要像个臣，父要像个父，子要像个子，所以他说的仁——爱人，便又被等级秩序削弱了。在这一点上，孔子终于没有完全突破阶级限制，终于没有突破旧的思想意识的限制，终于没有突破那时社会还处在过渡期的最初阶段的历史限制。在对当时的政治态度上，也有类似情况。孔子对当时各国诸侯、大夫的互相兼并很不满意，他主张天下和平统一，这是符合当时人民愿望的，也是符合中国后来成为一个大的封建国家的历史要求的；但是他所主张的统一，是要像西周初期那样，在以周天子为首的旧贵族统治下的统一，这就虽然含有新的因素而终于和当时社会变革的现实相矛盾，这也就是孔子在当时不能不碰壁，政治活动不能不失败的根本原因。进步和落后，改革和妥协，孔子兼而有之。这是孔子的矛盾，也是时代的矛盾。

尽管如此，孔子能够提出"仁"，而且能够普及文化知识，在教育事业上有很大的贡献，其进步的一面还是主要的。源远而流长的中国文化，孔子正是最早的、最重要的一个传播者。

一　没落的贵族和孤苦的幼年

孔子的祖先原是宋国（在现在河南、江苏交界的地方）的贵族，如果再往远里说，他们还是殷代贵族的后代。孔子在临死的时候也曾说自己是殷人呢。

但是，到了孔子的前三四代，由于宋国统治集团的内部倾轧而逃到鲁国（在现在山东东南部、江苏西北部）避难的时候，这贵族的世家是日渐没落了。

孔子的父亲叫纥，字叔梁，是鲁国一个职位不大的武官，他很有力气。有一次，几个诸侯国家去攻打一个叫偪阳（在现在山东峄县南）的小国，鲁国也参加了。孔纥就在鲁国的军队中。当他们攻入偪阳城的时候，守城的人把一种闸门放了下来，先入城的队伍眼看就被隔断在城里了，这时孔纥却用双手把闸门一掀，掀起来了，先入城的军队才得以完全退出来。这事发生在公元前五六三年，离孔子出生还有十二年呐。[1] 又有一次，孔纥和其他两个鲁国将领，率领三百武士，打退了齐国的侵扰。这事发生在公元前五五六年，离孔子出生只有五年。[2] 这就是我们所仅仅知道的

---

[1]　见《左传》襄公十年。
[2]　见《左传》襄公十七年。

关于孔子父亲的事迹了。

孔子的母亲姓颜,叫征在。当孔纥和她结婚的时候,她还很年轻,可是孔纥已经上了岁数了。①他们的结婚是没有经过当时社会上所通行的完备手续的,因此遭到了社会上的奚落。

孔纥和颜征在很希望得到一个儿子,他们曾在曲阜东南的尼丘山上祷告过。后来他们生了一个男孩,便给这孩子取名叫丘,别名仲尼。这就是后人习惯上尊称的孔子。"仲"是老二的意思,这说明孔纥在和征在结婚以前有过妻子,而且有过一个儿子了。

孔子生的这一年是公元前五五一年——周灵王二十一年,鲁襄公二十二年②,距现在有二千五百多年的光景。

孔子父母的结合既不十分符合当时的礼制,而当时的礼制又特别沉重地约束着妇女,所以孔子的母亲过着不很称心的日子。孔子也就从小时候起,多懂得了一些人的脸色,多感受到了一些人情的冷暖,于是养成一个谨慎小心的性格,很敏感,很善于应付人,并习惯于遇事有所思索,总之,有点早熟吧。当然,由于孔子后来不断地锻炼,他并没有因此而流入孤僻和冷酷。

可是不幸的是,孔子只有三岁③,父亲孔纥便亡故了。他母亲因为舆论的压迫,连丈夫埋葬的地方也一直没有告诉过孔子。那

---

① 见《史记·孔子世家》,张守节《史记正义》。

② 孔子生年有二说,一为《春秋公羊传》《穀梁传》,说生于鲁襄公二十一年(即公元前五五二年);一为《史记·孔子世家》,说生于鲁襄公二十二年(即公元前五五一年)。二说都有支持的学者,有两千年的辩论历史,兹依杜预、郑樵、朱熹、阎若璩、崔适等说,采取《史记》的说法。

③ 见《孔子家语·本姓解》。

时,他家正从陬邑(在山东泗水县东南)移居到鲁国的国都曲阜。

孔子小时候得不到什么合适的玩具,他只是爱模仿祭祀,摆上小盘小碗,学着行礼玩儿。这就是他常做的也几乎是唯一的游戏了。

二 孔子幼年时代的鲁国文化空气

在孔子八岁的时候,吴国那个不肯接受王位的公子季札出使各地,到了鲁国。

季札在鲁国有机会听到鲁国所特别保存着的较完备的周朝乐歌。[①]那些乐歌大部分保留在现存的《诗经》里,连次序也和现存《诗经》中的大致相符。这说明鲁国有比较完备的文化遗产。

季札是一个博学而有艺术修养的人,他对于听到的乐歌都有中肯的、深刻的批评。他听到《周南》《召南》两部分乐歌时就说:"真好呵,这反映出周代建国的基础已经有了,只是还有点草创的光景。其中表现着勤劳,可是没有怨意。"以后又听到郑地(在现在河南新郑市)的民歌,他对于郑地民歌的批评是:"这种音乐为什么这么细弱?很有享乐的气氛。——这个小国有些危险了。"又往下,便听到齐国(在现在山东的中部和东部)民歌,他很满意,说:"很舒缓,很深远,真是大国的气派,这个国家的前途是不可限量呵。"再往下,是豳地民歌,秦国民歌,魏、唐二地民歌。他说:"豳地的民歌,愉快而不淫荡。秦国民歌还保持周朝原先的歌

---

① 见《左传》襄公二十九年、《史记·吴太伯世家》。

调。魏、唐两处的民歌,反映了俭朴而有远虑的习俗。"[①] 郐地以下的民歌,他是不满意的,但因为身为外交使臣,就不好意思多加批评了。

他又听了宫廷音乐《小雅》和《大雅》,也顺便夸奖了几句。他在鲁国,除了周代音乐以外,还见识到了前代的音乐歌舞。他最满意的是相传为大舜乐歌的《韶》,这种音乐的乐器主要是箫。他说:"我已经听到并看到最好的了,再有其他音乐,我也不想享受了。"后来孔子也是很欣赏《韶》乐的。

季札是中国历史上有记载的第一个文艺批评家。就《诗经》说,他乃是第一个予以系统的批评的人。

当季札到鲁国的时候,孔子还很小,说不上立刻受到什么影响,但是后来孔子长大了,他是很佩服这个先辈的。孔子后来对诗歌的批评,也曾采取过季札批评豳地民歌"愉快而不淫荡"的见解而加以应用。孔子在晚年曾经系统地整理过《诗经》的乐歌,无疑是在这种重视音乐的气氛中得到了鼓舞,同时又是在鲁国特别保有这些文化遗产的条件下展开了工作的。

鲁国虽然是个小国,但文化遗产却是很丰富的。并且不只这时吴国季札所见到的是如此,就是过了三年,晋国使臣韩宣子到鲁国时,也因为见到鲁国所保存的哲学书《易象》和鲁国的史书

---

① 魏唐地近,所以这里一并叙述。《史记》称"俭而易",《左传》作"险而易"。杜预注谓"险当作俭,字之误也"。可见《史记》是对的,而且这样也是符合现在所见《魏风》的内容的。

《春秋》而恍然大悟似的说:"周代的政治法律都保存在鲁国了,现在我才明白周公的本领以及周朝所以兴起的缘故了。"①

孔子所生长的鲁国的文化空气就是如此。

---

① 见《左传》昭公二年。原文:"周礼尽在鲁矣。"古代礼包括广义的法,所以译为政治法律。

三 在挫折中前进

孔子慢慢长大了。

因为穷困生活的磨炼,因为父亲原是体格很好的,所以孔子身子也很健壮,这是他日后所以能经受得起各种困难,而精力始终充沛的缘故之一。

孔子是有志气的。据他的自述,在十五岁已经立下了要好好学习各种知识和本领的志愿。①

孔子在十七岁上,死了母亲。②依照当时的习俗,母亲是应该和父亲合葬的。可是孔子不知道父亲葬在哪儿,他于是把母亲的棺材暂且停在一条叫"五父之衢"的街上。"五父"是五个老人的意思,"衢"就是街,如果是现在的北京街名,大概就叫什么"五老胡同"了吧。

这时一位老太太——一个名叫曼父的人的母亲——便走来指点给孔子说:"你父亲葬的地方我知道哇,那地方叫防。"防是指防山,在现在山东曲阜县东面,孔子因此才知道了父亲的坟地,便

---

① 见《论语·为政》篇,第四章。
② 《史记·孔子世家》:"孔子年十七"实属上段"季氏飨士",故知孔子十七丧母。而孟僖子一段是另一时事。

把母亲也葬在一起。

孔子这时还是一个少不更事的青年，虽然小心谨慎，但人事经验是不多的。他单纯地想到有机会就该出一出头，同时他也觉得自己已经有一些本领了。有一次，鲁国的贵族季氏欢宴名流，这位十七岁的居丧的孔子便穿着孝服跑去了。①季氏的家臣阳虎向他喝道："我们请的是有地位的人，并不招待叫花子。你走吧！"孔子便只好退了下来。

经过这一番挫折，孔子更发愤了。

过了三四年，他的道德修养和各种才能，一天比一天进步，虽然年轻，却已出了名。他在十九岁结了婚，二十岁得了一个儿子。②鲁国的国君昭公向他道喜，特地送了一条大鲤鱼来。孔子为了纪念这桩事，便给孩子取了个名字叫鲤，号伯鱼。伯是老大的意思，因为这是孔子的第一个儿子呵。——可是孔子也只有这一个儿子。

由于刻苦学习，孔子逐渐成了博学多能的人。在他住宅的附近有一条街叫达巷，达巷里的一个老百姓就这样说过："孔子这么渊博，他会的玩意儿我们简直叫不上名堂来。"孔子听见了，便谦虚地说："我会什么呀？我会赶车罢了。"③原来在这时有六种本领是一个全才的人必须具备的，这就是：礼节、音乐、射箭、赶车、

---

① 《史记·孔子世家》："孔子要绖"，绖是丧服所用的麻，可见"要绖"就是腰里束着麻带。但以前有人认为是"要经"，说孔子腰里带着经书，表示好学，这种说法反而显得牵强可笑了。

② 见《孔子家语·本姓解》。

③ 见《论语·子罕》篇，第二章。

识字、计算。在这六种本领里头,赶车是被认为最低下的,所以谦虚的孔子只承认了这一桩。

孔子后来曾经告诉他的门徒说:"我往日没有得到从政的机会,可是我因此有了学会各种本领的工夫。"①

孔子大概在二十六七岁的时候,才做了一两回小官。他担任的不是行政官,而是做一些具体的工作。一回是当"乘田",这是管牛羊的官,孔子说:"叫我管牛羊,我就要把牛羊养得肥肥大大的。"果然他养的牛羊都很肥壮。另一回是当"委吏",这是一种会计工作,孔子说:"叫我管会计,我就要让账上不会出错儿。"果然他管的账都是一点岔儿也没有。②他在青年时期工作就是这样踏实,这样负责的。

在孔子三十岁这一年——公元前五二二年,执政二十年以上的郑国大夫子产逝世了。子产是使郑国秩序得到安定的人,是使郑国虽处在晋楚两大国之间而外交上常常获得胜利的人。子产是十分博学的。他也熟悉当时的诗歌。子产并且善于组织人才,使用人才。他决定国家大事的时候,一般是先向熟悉各国情况的公孙挥探询一番,再同善于出计谋的裨谌到郊外去一起研究,同时征求一下老百姓的意见,然后又请善于判断的冯简子加以决断,最后才让长于外交的游吉去办外交,既然经过这样审慎的步骤,所以子产执行的政策便很少失败了。③郑国在公元前五三六年,即

---

① 见《论语·子罕》篇,第七章。
② 见《孟子·万章》下,第五章。《先秦诸子系年》谓当在二十七岁前。
③ 见《左传》襄公三十一年。

孔子十六岁时，把刑书铸在金属制的鼎上①，这是中国有记录的、最早的成文法，这是子产在法律上的一个贡献。子产最初执政的时候，郑国流传着这样一首歌：

> 提倡节俭，提倡节俭，
> 人有好衣服也不能穿；
> 整顿军事，整顿军事，
> 人要种地也没法子干；
> 谁杀子产，
> 我们心甘情愿！

可是过了三年，便流传起另一首歌：

> 我们子女，
> 是子产教育；
> 我们田地，
> 是子产开辟；
> 子产可别死！
> 死了谁继续？②

子产一死，郑国人便都哭了。孔子听见这消息，也哭了。孔

---

① 见《左传》昭公六年。过了二十三年，即公元前五一三年，晋国也铸了刑鼎。
② 见《左传》襄公三十年。

子称赞子产是对人们有着惠爱的人。[①]在思想上，子产也是比较开明的。郑国有了火灾，别人都说要去求神，但是他说："天的道理是渺茫的，人的道理是切近的，我们是讲人不讲天的。"[②]郑国有了水灾，又有人以为是龙神作怪，但是他说："我们无求于龙，龙也无求于我们，不相干的。"[③]这种开明思想在当时原是一般有头脑的人都抱有的，这是社会发展的结果，子产正是一个代表人物；而孔子的一些健康的见解，无疑正是由于受到这种思想的影响，并在同一社会基础上产生的。

---

① 《论语·宪问》篇第九章载孔子称子产为"惠人"，《左传》昭公二十年载孔子称子产为"古之遗爱"，意同。
② 见《左传》昭公十八年。
③ 见《左传》昭公十九年。

四 教育事业的开端

孔子博学的名气越来越大,有很多人愿意把孩子送来给他做门徒。孔子后来曾说:"我到了三十岁的时候,仿佛对任何事都有个主意了。"[①] 就在孔子三十岁左右吧,他有了第一批弟子。其中包括孔子后来的著名弟子颜渊的父亲颜路、曾参的父亲曾点。

孔子另一个著名弟子子路,也是属于这第一批门徒中的。子路只比孔子小九岁[②],开始接受孔子的教育时大约二十一二岁。子路那时喜欢把公鸡毛插在帽子上,把雄猪的皮装在宝剑上,为的是表示英武。[③] 他欺凌过孔子,但孔子雍容的态度终于折服了他,他于是诚心诚意地做了孔子的学生。子路是一个坦白直爽、忠实可靠的人。他后来跟随孔子差不多有四十年,他是对孔子事业最热心的支持的人之一,同时也是和孔子最没有师生距离的门徒之一。

孔子和他的弟子们多半是属于"士"这一社会阶层的。孔子是第一个把贵族所垄断的文化教育普及给一般人的人。当时的社会

---

① 见《论语·为政》篇,第四章。
② 见《史记·仲尼弟子列传》。
③ 见《史记·仲尼弟子列传》;《庄子·盗跖》篇。

条件也已经容许他这样做,并且要求他这样做。孔子曾说:"只要谁拿十条干肉来作入学礼,我没有不教他的。"① 自然,能备得起十条干肉的,绝不是最穷的人,所以能够获得教育的人,还是有一定的限制的。但是比起以往来,这就是个大进步了。

  自然,贵族中也有送子弟来求学的,比如鲁国大夫孟僖子临死时就曾嘱咐他的两个儿子说:"孔丘是圣人(指商汤)的后代。他的六世祖孔父嘉在宋国被一个叫华督的大将杀了,他的五世祖才迁到鲁国来。孔父嘉的高祖父是弗父何,弗父何的父亲就是宋国的国君宋愍公。弗父何是大儿子,本来有资格继位的,可是他让给了弟弟宋厉公。弗父何的曾孙正考父,曾经辅佐过宋戴公、宋武公、宋宣公三朝。可是他地位越高,却越谦恭。孔丘的祖先是有美德的。现在孔丘年纪不大,就懂得这么些事情,并且熟悉礼节,恐怕又要出圣人了吧。我是眼看要死的人了,我死了,你们一定要拜他做老师呵。"② 他的两个儿子孟懿子和南宫敬叔后来果然做了孔子的弟子。这时孔子三十四岁了。③ 但是孔子门徒中像这样的贵族子弟究竟还不是多数。

---

① 见《论语·述而》篇,第七章。
② 见《左传》昭公七年;《庄子·列御寇》篇。
③ 孟僖子死在公元前五一八年,即鲁昭公二十四年,这年孔子三十四岁。

五　孔子和老子的会见

南宫敬叔做了孔子的弟子以后,曾向鲁昭公建议派他和孔子一块到周的京城洛阳去观光。鲁昭公答应了,便给他们一辆车子、两匹马,还派了一个仆人,打发他们到洛阳去。

好学的孔子觉得这是一个好机会,因为历史悠久的京城洛阳有丰富的文化宝藏,而且大思想家老子也在那里。老子这时担任保管文物的工作,职位相当于现在的图书馆馆长或历史博物院院长。①

老子听说孔子来了,便套上车,到郊外去迎接,又叫他的僮仆把路打扫干净。孔子也依照当时的礼节,从自己车上下来,把作为见面礼的大雁捧着,送给了老子。②

老子比孔子年纪大得多,经验阅历也丰富得多,他所接触的文物史料也远比孔子这时所已接触到的广博得多。因此,这一次会见,对孔子是极其有益的。这时孔子还在壮年,在求知和修养方面,积极和热情有余,但是还不免有些急躁、粗枝大叶,仿佛

---

① 《史记·老子韩非列传》作"周守藏室之史",司马贞《索隐》以为即"周藏书室之史"。

② 参考汉武梁祠画像,并依照宋洪适《隶续》对此图的解释。

还需要更阔大的胸襟，需要在精神内容上更加丰富一些，还需要从更高的眼界对自己所已经获得的学识技能加一番审量。而在这些方面，老子恰是有资格对孔子有所助益的。从老子方面来说，他似乎缺乏孔子那样的积极和热情，好像缺少什么朝气似的，但是和孔子的精神凑合起来，却就可以构成一种宝贵的东西了。老子和孔子都是中国文化史上极其杰出的人物，他们的会见是灿烂的古代文化史上饶有意义的一页。

孔子向老子请教了很多东西。甚至就是孔子所熟悉的礼数方面，也证明老子比他懂得多。例如出丧的时候逢见日食怎么办，小孩子死了该葬到近处还是远处，国家有丧事的时候不避战争对不对，战争的时候应该把已死的国王的牌位带着还是不带，等等，老子都根据事实和情理给孔子作了明确的解答。[①] 老子也深深器重像孔子这样一个虚心求知的人。

孔子在洛阳住了几天，要离开了。老子依依不舍地给他送行，并且根据自己的处世态度，告诉他道："我听说，有钱的人给人送行的时候是送钱，有道德有学问的人给人送行的时候是赠几句话。我没有钱，姑且冒充一下有道德有学问的人，送你几句话吧。第一，你所钻研的，多半是古人的东西。可是古人已经死了，连骨头也烂了，不过剩下那么几句话。你不能把那些话看得太死。第二，有道德有学问的人，生的是时候呢，固然应该出门坐坐车，阔绰一下；如果生的不是时候，只要过得去，也就算了。第三，我听说有句老话，会做买卖的都不把东西摆在外面，有极高的道

---

① 见《礼记·曾子问》篇，第十六章、第三十三章、第三十五章。

德的人都是很朴实的。你应该去掉骄傲，去掉很多的贪恋，去掉一些架子，去掉一些妄想，这对你都是没有好处的。一切事不要太任自己的性，这样在家庭也不合适，在朝廷也不合适。我要告诉你的，就是这些话了。"①

孔子深深地玩味了老子的叮嘱，怀着感激的心情离开了洛阳。孔子回到鲁国，见到自己的弟子，还不住地赞美老子说："鸟，我知道它会飞，可是会飞的还常被人射下来。鱼，我知道它会游水，可是会游水的还常被人钓起来。兽，我知道它会走，可是会走的还常落了网。只有一种东西，我们不能控制它，它爱云里来就云里来，它爱风里去就风里去，它爱上天就上天，这就是传说中的龙。我没法捉摸老子这个人，老子就像龙一样吧。"②

---

① 《史记·孔子世家》中老子语和《史记·老子韩非列传》中老子语详略不同，现在综合译述。

② 见《庄子·天运》篇、《史记·老子韩非列传》。

六　走向成熟的道路

孔子自从见过老子以后，他自己过去一些偏于主观的做法是有意识地减少了一些了，他遇事也更能冷静地分析了，加上他原有的勤勉和热情，就使得他更为人们所钦敬了。于是他的弟子多起来，而且还有远地来的。

他曾从容地和门徒们说："学会的东西，时常去温习，不是很有乐趣么？很多志同道合的朋友老远地来讲究学问，不是叫人很高兴么？自己有本领，可是没有什么人知道，但也没有什么不愉快，这不是有涵养的人么？"[①] 这就是他这一时期的心情。这就是他从孤苦伶仃的童年起，经过挫折，经过自我教育，学习了一些本领，经过实际生活的一些锻炼，又接触了有阅历的先辈老子，自己已经从事着教育事业，同时对于从政又有一些希冀时的孔子的心情。孔子这时还不到三十五岁。

虽然他说人家不知道自己有本领也能沉住气，但想施展自己的本领——特别是政治方面的所谓抱负，作为"士"这个阶层的代表人物的孔子，却还是跃跃欲试的。他曾说："不愁没有地位，

---

① 见《论语·学而》篇，第一章。《集解》引包咸注："同门曰朋"；宋翔凤《朴学斋札记》："朋即指弟子。"所以把这段话放在孔子弟子增多了的时候叙述。

愁的是自己没有成套的东西；不愁人家不知道，只要自己有了成套的东西，自然会有人知道呵。"① 也就是这种心理的表现。这种心理使他在一生中浪费了很多有用的光阴和精力，使他和人民之间逐渐有了距离，也给他带来了不少苦恼。直到经过很长的一段时间，孔子这种心理才多少有些扭转。

---

① 见《论语·里仁》篇，第十四章。

七　孔子在齐国政治活动的失败

公元前五一七年，孔子到了齐国，这是他生平第一次有记录的政治活动。齐国原是东方大国，疆土在现在的山东中部和东部一带，土地肥沃，农业发达，并富有鱼盐之利，在齐桓公时代（公元前六八五至前六四三年），又经过杰出的政治家管仲整顿国政，成了春秋时期的一等大国。这时是齐景公统治的时代，也是大政治家晏婴活跃的时代，国家安定而强盛。孔子希望在齐国做一番事业，是有现实根据的。然而事情不是那么顺利。

孔子何以不留在鲁国而跑到齐国去呢？这固然由于齐国的局面好像大有可为，同时也由于鲁国发生了政变。

原来鲁国有三家有势力的贵族，一是孟孙氏，就是孟懿子南宫敬叔他们那一家；二是叔孙氏；三是季孙氏，就是孔子年轻时穿了孝服赶去吃饭的那一家。这三家贵族原是鲁桓公的子孙，所以又称为"三桓"。三家之中，季孙氏势力最大，这时季孙氏的季平子专政，鲁君昭公很讨厌他。恰巧季平子和另一贵族郈昭伯因斗鸡发生纠纷，原来季家的鸡翅膀上加了芥末，为的是迷对方的鸡的眼睛，但郈家的鸡爪子上却带了锋利的金属，季平子见郈昭伯不肯退让，便强占了郈家的封地，郈昭伯于是向鲁昭公诉冤，鲁昭公以此为借口，讨伐了季平子。季平子联合孟孙氏、叔孙氏，进行反击，鲁昭公失败了，鲁昭公逃到齐国。齐国把他安置在郓城（在山东郓城县东），郓城是齐国从鲁国夺去的地方。[①]——鲁昭公便在齐国住了下去。鲁国陷在混乱中。

对于"三桓"的擅权，孔子本来就不满意，现在鲁昭公也被"三桓"驱逐出国，他实在看不下去，便也离开鲁国，到齐国去试一下。

据说齐景公在五年前（公元前五二二年）到鲁国的时候就见过孔子。那时齐景公曾问孔子："从前秦穆公国又不大，地方又偏僻，可是为什么能称霸一方呢？"孔子当时回答说："秦国国家虽然小，可是他们的人志气大；地方虽然偏僻，可是他们的人行起事儿来正当。秦穆公又会用人，曾看中了喂牛的百里奚，和他谈了三天话，便能信任他，叫他执政。像秦穆公这样做法，统治全中国也是够格的；称霸一方，还只能算是小成就呢。"齐景公听了很满意[②]。因此孔子心里有了底儿，以为到齐国可以做百里奚第二。

依照当时从事政治活动的方式，要去投效一个国君，得找一点门路。哪怕孔子已经见过齐景公，齐景公对孔子的印象也很好，但如果不打通齐景公的亲信，也还是难以掌握到实权的。虽然有百里奚那样的传说，但这究竟只是一般"士"所乐道的美谈罢了，当时社会的现实不是那样的。因此，孔子先当了齐景公的亲信高昭子的家臣。

---

① 见《左传》昭公二十五年。

② 《史记·孔子世家》有孔子年三十与齐景公对话事，《史记·齐太公世家》有齐景公于此年入鲁问礼事，但《左传》没有记载。我认为司马迁既然两次记齐景公此年入鲁，应当有所根据。

高昭子果然替孔子在齐景公跟前说了些好话。于是齐景公向孔子请教政治的大道理。孔子说："君王要像君王，臣子要像臣子，父亲要像父亲，儿子要像儿子。"意思是要维持社会上的统治秩序，各人要按其名分办事，用孔子自己的话讲，这就叫"正名"。他后来在长期内也还是这样主张的。这说法无疑是对统治者有利的，尤其在阶级矛盾渐趋剧烈的时候，就更合统治者的口味了。所以齐景公听了，便高兴地说："对呀，如果君王不像君王，臣子不像臣子，父亲不像父亲，儿子不像儿子，那么，我就是有的是米，还能吃得成饭么？"①

过了几天，齐景公又问孔子政治上最迫切的问题是什么。孔子看准了齐国当时最大的毛病是奢侈浪费，于是说："问题在于节约。"② 当然，孔子的节约主张是不彻底的，因为孔子终究讲排场。但齐景公听了还是表示满意，这大概因为齐国当时实在奢侈得不像话了吧。这时，齐景公想把尼谿地方的田地封给孔子。

可是齐国的执政大臣、老政治家晏婴，是不赞成孔子所讲究的那一套礼数的，他便向齐景公说："这班新兴起来的'儒'（也就是士），他们只会说漂亮话，不能受约束；他们很骄傲，很自以为是，不肯俯就别人。治丧主张铺张，埋葬不惜倾家荡产，这种风气也要不得。他们靠着游说、当食客过日子，国家能依赖这些游民么？自从周朝衰落以来，不见出过什么贤人，过去的礼节乐章也好久没有人弄得明白了。现在孔子就专讲究这一套。怎么见

---

① 见《论语·颜渊》篇，第十一章。
② 见《韩非子·难三》篇。

人,怎么走路,穿戴什么,甚而摆什么面孔,烦琐得要命。多少年也学不完,一辈子也搞不清。您如果让他在齐国实行起来,恐怕解决不了什么最急切的问题的。"①

因为这话说中了孔子的主要毛病,齐景公动摇了。以后齐景公再见孔子的时候,便不再向他请教大道理,不过表面上还很客气罢了。

过了一些时候,齐景公才对孔子说:"如果像鲁国对待季氏那样,拿有权的上卿地位给你,我做不到;如果像鲁国对待孟氏那样,拿无权的下卿地位给你,我也不肯。那么,我待你在季氏、孟氏之间吧。"②

这话自然是冷淡孔子的。而且齐国的贵族也怕孔子真正在齐国当权,便都想陷害他,孔子是有些风闻了。

齐景公终于向孔子点破:"我老了,精力不济,不能任用你来图谋改革了。"

孔子听了,便只好收拾行李,干脆离开了齐国。

---

① 见《墨子·非儒》篇、《晏子春秋》外篇第八。晏婴虽然和墨翟出身不同,但他节用的主张,却是墨翟赞成的,所以就思想渊源上说,晏婴思想可认为墨家部分思想的先驱。后来儒、墨两派的对立,可以在晏婴和孔子的主张不同上反映出他们最早的分歧来。

② 见《论语·微子》篇,第三章。

八　孔子在齐国的收获和影响

孔子在齐国的政治活动失败了。孔子只看到在齐国很可以做一番事业的一面，但没考虑到另一面：齐国的执政者晏婴在政治主张上恰是和自己敌对的。孔子的主张也和齐国贵族有矛盾，而他所看重的那一套烦琐礼节也是不现实的，所以失败是当然的。

但是孔子这时在艺术修养上却进了一步。这就是他在齐国宫廷里听到了虞舜的古乐，所谓《韶》的。他不但听了，而且用心学习了一番。他学得这样专心，有三个月连肉的滋味也不知道了。孔子自己在这时也说："我没想到我当时是这样地被吸引到音乐里去了。"①

孔子在齐国耽搁了一个时期，他的好学给了齐国老百姓很好的印象；齐国的统治者虽然不能用他，却认识到如果孔子回到鲁国并且在鲁国执政，就会增加鲁国的力量，有点不大放心。

虚心的孔子在接触了晏婴之后，对晏婴很敬重，他佩服晏婴一件狐皮袍子穿三十年的俭朴作风②，他也发现晏婴善于交友，对

---

① 见《论语·述而》篇，第十四章。
② 见《礼记·檀弓》下，第二十三节。原为有若与曾子讨论时谈及，曾子是赞成晏婴这种行为的，可能即从孔子那里听来。

老朋友能够始终保持着礼貌[1]。

孔子在齐国大概住了三年的光景。他出国时三十五岁，回国时三十七岁了。鲁国依然很混乱。逃到齐国的鲁昭公曾经想借齐国和宋国的力量回国复位，但季氏却依靠晋国的势力，始终拒绝接纳鲁昭公。孔子仍旧没有从政的机会。

在这一年，吴国发生了政变，这就是有名的"鱼藏剑"的故事。原来吴王寿梦有四个儿子，第四个儿子最贤，他就是前面说过的那个季札。寿梦想传位给他，可是他不肯接受，于是传给了大儿子。老大还想让给老四，季札还是不肯。后来老大死时便传给老二，想这样兄弟相传，终会传到老四。可是老二、老三先后去世，季札又躲开了。于是老三的儿子继了位，这就是吴王僚。季札是这样的谦让，可是老大的儿子光不服气。便派刺客专诸扮作厨子，在一次宴会中，专诸把短剑藏在烧好的鱼里，在上菜的时候把吴王僚刺杀了。光就夺取了王位，这就是吴王阖庐。

这时，季札赶了回来，但他不是回来争王位的，而是为了吊祭已死的吴王僚——他的侄儿。然后，他便住到自己的封地延陵（现在江苏武进县）去，以后再也不出来了。

有关季札的故事是很多的。还有一个故事说明他对人很讲信义。当他出使各国的时候，经过徐国（在现在安徽泗县北），徐国国君很喜欢季札佩带的宝剑，但是不好意思开口。季札却看出来了，只是因为一个使臣是不能不佩剑的，当时便也没有什么表示，可是已经拿定主意出使完毕后便把剑送给他。后来季札回来

---

[1] 见《论语·公冶长》篇，第十七章。

又经过徐国，徐国国君却亡故了。季札便把宝剑解下，挂在徐国国君坟旁的树上。别人说："人已经死了，你这宝剑还送给谁呢？"季札答道："话不是这样说，我心里曾许过他呵，难道因为他死了就变了心么？"后来当地便流行这么个歌：

> 延陵季子呵，
> 他真念旧；
> 宝剑值千金呵，
> 他挂在坟丘。①

孔子对这样一个人物是十分敬重的，后来季札死了，孔子还给他题了墓碑。这块碑上的字，据说是唯一的被保存下来的孔子的书法。

在孔子三十九岁这一年，晋国铸了铁的刑鼎。这是郑国铸刑书以后第二十三年的事。这说明当时铸铁技术已经相当进步，也说明生产力有了进一步的提高，为当时的阶级剥削提供了更高的物质基础。因此，当时各国的阶级矛盾，也就进一步地加深。在社会变动中的"士"的地位，这时越来越重要了。

这时孔子在学问上又有了进境。他说："我到了四十岁，就心里更亮堂，什么话也迷惑不住我了。"②

孔子在等待着再度从事政治活动的机会。

---

① 见《新序·节士》篇。
② 见《论语·为政》篇，第四章。

九　孔子在混乱的鲁国中的寂寞

流亡在齐国的鲁昭公，在齐国受尽了气，终于于公元前五一〇年死在国外。这一年孔子四十二岁了。鲁昭公的弟弟被立为鲁君，这就是鲁定公。

过了五年，把持鲁国国政的季平子死了，他的继承人是季桓子。季氏依然大权在握。

正如季桓子常要威胁鲁定公一样，季桓子的一些得势家臣也威胁着季桓子。同时这些家臣也彼此摩擦，都想吃独份儿。消灭同列的竞争者，夺取更多的权益，这几乎是那时从各国的诸侯一直到卿大夫及其家臣的共同做法。

季桓子这时有势力的家臣是：仲梁怀、阳虎和公山不狃。先是仲梁怀和阳虎发生冲突，阳虎想驱逐仲梁怀，公山不狃出来做了和事佬。但因此仲梁怀的气焰大了起来，阳虎就把他囚禁了。季桓子出来干涉，阳虎把季桓子也囚禁了。直到季桓子认了输才被放出来。①

这样阳虎就胁制住季桓子，而季桓子则胁制着鲁定公。孔子对这情形很看不惯，所以就不愿意出来做事。

---

① 见《左传》定公五年。

季桓子底下的三个有势力人物,仲梁怀既被阳虎压服,就只剩下阳虎和公山不狃。公山不狃联合阳虎,想把"三桓"的继承人更换,换上接近阳虎的人,这样就可以更方便地操纵"三桓"了。阳虎又把季桓子逮捕起来,并要杀掉他,但季桓子想办法逃掉了。阳虎却终于在军事上失败,逃往齐国。[①]

季桓子底下只剩下公山不狃一个有势力的家臣了。公山不狃就在公元前五〇一年占据了鲁国的费城(今山东费县),想以此为根据地来反抗季桓子。

公山不狃打发人来请孔子,因为他晓得孔子是讨厌季家的专横的;同时孔子是既有声望又有本领的人,请到孔子也可以壮一壮声势。孔子呢,寂寞了好久,一直没得到施展抱负的机会,他又是熟悉历史的,想到从前周文王、周武王就曾以西北一块小地方丰(在现在陕西鄠县东)镐(在现在陕西长安县西南)作根据地统一了北中国,他是不是也可以将费城作根据地大搞一下呢?他心里有些活动了。

可是孔子的弟子们有的就奇怪他这太热心的态度了。他的最年长的弟子子路便首先表示不高兴。他觉得老师天天讲"君王要像君王,臣子要像臣子",正因为不赞成季氏的专横才不出来做事,现在公山不狃还不是要犯上作乱么?为什么反而要去帮他的忙呢?

孔子解释道:"他们请我,难道是叫我白跑一趟么?我也不是随便就去的呵。真的有人用我,我是想建设一个新的东周王朝

---

① 见《左传》定公八年、九年。

呵！"①

子路等才没有话说。

可是孔子心里也是矛盾的,他到底冲不破他那维持现状的保守思想,下不了决心,所以也终于没有去。孔子这时便解嘲似的说:"我五十岁了,事情成不成是命呵。"命是一种迷信说法,孔子到无可奈何的时候,就常提起命。

---

① 见《论语·阳货》篇,第五章。

十　孔子继续从事教育事业

孔子定下心来，还是把全副精神放在教育事业上。

孔子经常和弟子谈的道理是"仁"。仁主要就是要爱别人的意思，这反映了当时"庶人"抬头的社会现实。他在教育上的开放也是基于这种符合历史要求的思想而来的；虽然由于阶级的限制，他又主张维持等级制度的"礼"，不免对于"仁"的思想有所削弱，然而这终究是他思想中最光辉、最进步的一面。

除了讲"仁"之外，孔子又经常教导弟子学习历史，学习文艺，关心政治，以及在日常生活中养成良好的习惯等。他的高兴、苦闷、愤怒，在弟子中间没有什么隐藏。他的歌声、笑声，没有什么间断。直率而又含蓄，热情而又严肃，活泼而不失分寸，这就是孔子生活在弟子中间的形象。

孔子和人们谈话的时候，总是尊重别人的意见的，就是对弟子也是如此。这样就造成了一种气氛，如果是孔子先询问弟子的时候，弟子们也往往再征求孔子的意见，他们是彼此这样互相尊重着的。有一次，孔子向弟子们说："各人说说各人的志愿好么？"子路说："我愿意自己有好车、好马、好皮袄，和朋友们一块儿享用，就是他们用坏了，我也不抱怨。"颜渊说："我愿意自己有长处也不自满，自己有功劳也不夸耀。"这时子路便转而问孔子了："听听您老人家的志愿呐。"孔子说:"我的志愿是:老的过安稳日子,朋友相信我,年轻的对我挺怀念。"①孔子的志愿是那样平凡,但是那样近人情,那样温暖,这就是孔子!

孔子很善于在教育上启发人,也善于尊重人们的个性,孔子在弟子中间往往因为各人爱好不同、了解事物的程度不同而说话很有分寸。

有一天,孔子的门人子路、曾晳、冉有、公西华跟孔子坐在一起。②他们的座次是按年龄排的:子路最大,这时有四十二岁了,坐在最前;曾晳有二十四五岁,次之;冉有二十一二岁,又次之;公西华十八九岁,最后。孔子是五十一岁。孔子首先说道:"不要因为我比你们大几岁,就受了拘束。别管年纪,有话尽管谈谈。你们平日常说,没有人赏识。现在我倒要问问,如果有人赏识,你们打算怎么样呢?"

子路不假思索就抢着说:"有千辆兵车的这么一个国家,受到周围大国的威胁,并且经过了兵灾,人民在闹饥荒。但是如果让我仲由去搞一通的话,只要三年,嗯,只要三年,我可以练出劲旅,并且让国内教育也很发达哩!"

孔子听了,不觉大笑。③

这时没有人说话了。按次序,孔子本来要问到曾晳,但曾晳

---

① 见《论语·公冶长》篇,第二十六章。古代语言简单,又要求整齐,所以这里原文三个"之"字的意义不能同样解释。
② 以下均见《论语·先进》篇,第二十六章。
③ 原文"夫子哂之",刘宝楠《论语正义》谓"哂"非微笑。

还在弹琴①,就问到了冉有。孔子叫着冉有名字:"求呵,你怎么样呢?"

冉有见子路被老师嗤笑了,就把志愿说小了些:"我只要六七十里见方的地方,五六十里也可以。让我冉求去搞的话,三年之内,我让大家都吃上饱饭。至于文化教育,等待更有本事的人来。"

孔子这回没说什么。就又问公西华,叫着他的名字:"赤呵,该你了。"

公西华不得不更谦虚了,说:"我不能保证我能够做到,不过愿意学习学习。诸侯们在宗庙里会见的时候,我穿上端端正正的礼服,当一个小司仪就是了。"公西华本来是擅长招待宾客的,他自己觉得这是本分话,可是孔子也没有什么表示。

最后,孔子又问到曾晳,叫着他的名字:"点呢?"曾晳的琴声慢慢地缓下来了,咚的一声,终于停了。他便起身答道:"我比不上他们三人的好主意呢。"

孔子说:"那有什么关系,各人说各人的志愿罢了。"

于是曾晳说:"春天三月里,穿上轻便的衣服,和五六个同伴,六七个小朋友,到沂水去洗个澡②。在求雨台上再吹一下风③,唱着歌回来。我不希望什么别的了。"

孔子听了,大为赞叹,说:"是呵,我也正是这个主意哇!"

---

① "琴"本作"瑟",刘宝楠据段玉裁说,古本"瑟"皆作"琴"字。

② 原文"浴乎沂",古人有指为祓濯于沂水的,觉求之过深,不取。

③ 原文"风乎舞雩,咏而归",古人也有指为雩祭的,王充已有此说;但终不如"风干身"平凡而近情,故舍彼取此。

孔子所以说这个话，是因为：一来自从决定不参加公山不狃的起事以后，他心里反而特别平静起来；二来孔子虽然热心政治活动，但素来也有不留恋富贵的一面——所谓清高；三来孔子也不愿意轻易表露出他的政治抱负，同时也是有意教育弟子们对待政治应该谦虚、谨慎。

这时子路、冉有、公西华已经依次退出，只留下曾皙了。曾皙见孔子赞许他，便觉得特别和老师谈得来，于是问孔子道："他们三个人的话怎么样？"在曾皙这样问的时候，孔子只淡淡地回答道："不过各人谈各人的志愿罢了。"

曾皙却不放松，就追问道："那么，老师为什么大笑仲由呢？"孔子说："谈政治就得讲礼节，礼节之中最要紧的是谦虚。他却说得一点也不谦虚了，所以我不能不笑他。"

曾皙又问："冉求不谦虚么？他谈的不是国家大政吧？"孔子说："哪里会有谈治理六七十里见方或者五六十里见方的地方的，不算夸夸其谈地谈政治呢？"

曾皙最后问："公西赤总算谦虚了，谈的不是治国平天下了吧？"孔子说："能在宗庙里会见的时候当司仪，不是诸侯是什么？他说是小司仪，好个小司仪，还有更大的司仪么？"

曾皙这才明白了孔子笑子路和对冉有、公西华的话没有表示什么的缘故，也明白了他对自己赞许的缘故。

孔子问弟子想做什么，这说明了孔子善于启发；从孔子答复曾皙的话里，可以看出孔子说话的分寸。总的看来，孔子和弟子的这场问答又说明了孔子怎样教育弟子们谦虚，而他们对政治仍是很热心的。这就是孔子和他的门徒们在一起生活、交谈时所常有的气氛。

孔子终于有了从政的机会了，就在这一年，他在鲁国得到了有职有权的地位。

十一　从中都宰到司寇

孔子真正从政的机会到了，公元前五〇一年，也就是鲁定公九年，孔子五十一岁，在鲁国当了中都宰。①

当时鲁国比较安定了些。季桓子的内部也由于仲梁怀被压服、阳虎出走、公山不狃在费城并没搞出什么名堂来而单纯些了。鲁定公和季桓子见孔子曾想到公山不狃那里而终于没有去，于是理解到孔子想做一番事业，但又终于还是拥护鲁国的当权派的，这也就增加了对孔子的信赖。这就是孔子能够出来从政的原因。孔子当中都宰是在阳虎失败出走和公山不狃在费城举事之后，这就不是偶然的了。

中都宰大概相当于现在的首都市长。孔子做了一年中都宰就很有成绩，当时西方各国都想学孔子的治理方法。②

于是孔子由中都宰升为司空，司空仿佛是后来管建设工程的首长；又由司空而为司寇③，司寇是管司法方面的首长。孔子现在是真正参与政治了。

---

① 孔子仕鲁之年，据清人江永考证，在定公九年。
② 《史记·孔子世家》作"四方皆则之"，《孔子家语·相鲁》篇作"西方之诸侯则焉"，兹从家语。
③ 《史记·孔子世家》作"大司寇"，但先秦一般书均称孔子为司寇，非大司寇。

孔子现在在鲁国做了官儿，但他在一般老乡长跟前，却仍保持着谦逊淳朴，像不善于说话似的。当他在朝廷议事的时候，是很会辩论的样子，但是又很慎重；和上级谈话，他持的是公正不阿的态度；和同僚谈话，却又和悦近人了。①

---

① 见《论语·乡党》篇，第一章。

十二　孔子在外交上的胜利

在孔子当了司寇的第二年——公元前五〇〇年，齐国发觉孔子在鲁国已经渐渐握有实权了，十几年前的忧虑已变为事实。这年夏天，齐景公根据大夫黎锄的建议，派人到鲁国来，说要和鲁定公举行一次夹谷之会。夹谷在现在山东莱芜这地方，在泰山以东。他们打算在这一次外交会议上使鲁国屈服。

鲁定公同意赴会。到了约期，便准备车辆出发。因为司寇兼办外交事务，所以孔子被派为会议上鲁君的助理。[①] 孔子便向鲁定公建议说："我听说外交场合，必须有军事准备；战争场合，也必须有外交配合。文武是交互为用的。这次我请求带了指挥军事的左、右司马去。"

鲁定公说"好"，就把左、右司马带了去。当然，同时就有兵车也跟了去。

鲁定公和齐景公都到了夹谷。齐景公的助理是晏婴。两国国君在预先筑好的、有三级台阶的土台子上会见。会见的时候，依照当时的礼节，彼此见过了面，也献过了酒。齐国管事的忽然说：

[①] 《周礼·秋官司寇》下有大行人、小行人，就是接待外宾的。《周礼》虽然不一定是先秦的书，但周代官制的系统基本上是保存在这里的。孔子当司寇，又在夹谷之会时为"相"，是很合理的。

"请表演地方歌舞。"

于是齐国的歌舞队一齐上来,他们有拿旗的,有拿盾的,这倒还是表演歌舞用的,然而使枪弄棒的也夹杂着上来了,乱嚷嚷一片。孔子一看,知道齐国有阴谋,就赶快上去了。本来登那台阶时,是应当登一级就把两脚并拢一下,以维持严肃的气氛的,然而孔子因为情势紧张,就顾不得了,一脚迈到第三级,另一脚还在第二级,便扬起袖子喝道:"我们两国国君正在庄严地会见,野蛮的歌舞为什么出现在这里?请问齐国管事的,该怎么办?"

齐国管事的只好示意歌舞队下去,但是歌舞队还在观望,他们要看齐景公和晏婴的眼色。这时齐景公觉得很不好意思,便摆了摆手,齐国歌舞队才退了下去。

过了一会儿,齐国管事的又进前说道:"请演奏宫廷的音乐。"齐景公说"好",一些七长八短的耍把戏的就又唱又舞地上来了。孔子又赶快上去,一脚迈到台阶第三级,一脚还在第二级,大声喝道:"戏弄诸侯的,依法应该斩首!执法官应该执行呵!"执法官无言可对,只好把准备捣乱的那批打手斩首。

由于孔子所持态度的严正,由于孔子事先准备下了武力,齐景公看到鲁定公不是可以轻易劫持的,便匆匆结束了会议。

齐景公回去,埋怨他的大臣们说:"鲁国君臣是按着道理办事的,可是你们却叫我采用野蛮的办法,耍小手腕儿。现在把鲁国国君得罪了,怎么办?"

齐国的大臣们说:"大丈夫做错了事,可以拿实际行动来表示改过;小人做错了事,只会在口头上做出许多掩饰。您若是后悔,我们就在实际行动上表示我们的错儿就是了。"

于是,齐景公退还了以前所侵占的鲁国城池郓、谨和龟阴(这三个城池都在山东汶水南面)。①

孔子在外交上胜利了。孔子这一年五十二岁。

---

① 关于夹谷之会,《史记》《左传》《穀梁传》都有记载,这里主要的是根据《史记·孔子世家》。

十三　孔子和鲁国贵族的斗争

鲁国在夹谷之会的外交胜利,提高了国家的地位,也提高了孔子的声望。

孔子慢慢要实行他那一套要求统一的主张了,就鲁国说,就是首先要削弱贵族的势力。公元前四九八年的夏天①,孔子向鲁定公说:"照道理,大臣不该私有军队,大夫不能有五里地大小的城。"②鲁定公很赞成,因为这是对自己有利的。季氏也赞成,因为他自己的城堡被公山不狃所占据,他可以拿这个借口来消灭公山不狃。孔子于是派了子路到季氏家去当主管,为的是有步骤地把三家贵族盘踞的城堡拆除。

首先服从的是叔孙氏,由于他本身的力量不强,他立刻把盘踞的郈城(在现在山东东平县境内)拆除了。

季氏自己的城堡在费,还被公山不狃占据着。季氏表示情愿拆除,但公山不狃起兵反抗,他的军队打到鲁的都城曲阜。鲁定公躲避在季氏的大宅子里,公山不狃没有能攻进去,但箭已经射

---

① 堕三都事在定公十二年,《史记·孔子世家》误为十三年。这里在年代上是根据"春秋三传"。
② 孔子这一段话,《史记·孔子世家》作为向鲁定公说的,《公羊传》却认为是向季氏说的。就情理上讲,《史记》较合理,这里采用《史记》的说法。

到鲁定公的跟前了。孔子命令申句须、乐颀二将率兵反攻出去，公山不狃打败了，一直败退到姑蔑（在现在山东泗水县）。结果，公山不狃逃往齐国，费城拆除了。

三家贵族已有两家把城堡拆除，只剩下孟氏。孟氏的城堡在成（在现在山东泗水县境内）。守城的公敛处父向孟孙说："这地方靠近齐，如果拆除城堡，齐国兵就会从北门进来。而且这地方是孟家的保障，毁了这地方就是毁了孟家。我不愿意拆除。"于是拆城的事遭受了阻力，一直到这年冬天还没有拆得成。鲁定公派兵把成包围了，但也没有攻得下。

可是三家贵族至少有两家在表面上是被削弱了，孔子在内政上又暂时取得了胜利。这一年孔子五十四岁。

于是孔子有些得意起来。他的门徒便问道："不是说有涵养的人逢见坏事也不愁眉苦脸，逢见好事也不扬扬得意么？"孔子说："这话是有的。但是不是还有一句话，说人有了地位，能做些事业，又能虚心请教别人，也是叫人高兴的么？"①

鲁国在外交上取得了胜利，又削弱了贵族势力，因而国内的秩序暂时安定下来。这时卖猪羊的不漫天要价了，街道上井然有条了，丢了东西也没有人捡了。各方客人来到，因为事事有头绪，也不必麻烦官府，舒适得像到了家一样。②

在这个时期，孔子虽然担任司寇的官，可是他是反对刑罚的。孔子曾经说过："对人民如果光靠发布命令，又用刑罚来强制执行，

---

① 这段话只见《史记·孔子世家》，但是很合情理，所以采入。
② 见《孔子家语·相鲁》篇、《荀子·儒效》篇、《史记·孔子世家》。

那是会使人民养成侥幸的习惯而不顾廉耻的；如果在政治上加以诱导，并用礼义来约束，人民却会既有廉耻，又肯往好处走的。"① 所以孔子固然也公平地处理诉讼事件，但他往往想得更根本，他说："审理案件，我和别人没有两样呵；可是最好的办法是，要做到连打官司的也没有呵。"② 这就是孔子在政治上获得成绩的一个缘故。

这样的政治成绩，自然就使邻国，特别是齐国增加了恐惧。

---

① 见《论语·为政》篇，第三章。
② 见《论语·颜渊》篇，第十三章。

十四　孔子终于出走

齐国这时的国君还是齐景公，晏婴在夹谷之会后不久就逝世了。晏婴是个出色的政治家。他不肯阿谀。他又能针对当时的需要提出适宜的政策。他也善于选拔人才，他曾把一个叫越石父的奴隶赎出来，他曾荐举一个赶车的仆人为大夫。[①] 他同时有素朴的民主思想，他认为不同的意见是有好处的，他说这像调味一样，正因为味道不同，才可互相调剂，味调好了，才好吃；如果都是同样主张，随声附和，那就是白开水加白开水了，还有什么味道！[②] 晏婴把由不同意见而取得一致的称为"和"，把不允许有不同意见而得到勉强一致的称为"同"，后来孔子主张"和而不同"，显然是受了晏婴的启发。晏婴死后，齐国的人才比较单薄了。

这时齐国的执政者便商议道："孔子掌握了政权，一定要称霸天下的。鲁国距我们最近，将来准先兼并我们，何如早割些地方给鲁国？"

那个在夹谷之会时出过坏主意的黎鉏却又出来说话了："我们

---

① 参考《史记·齐太公世家》《史记·管晏列传》。《史记》所说越石父"在缧绁中"一语，据日本泷川资言考证，是采自《吕氏春秋》，原文"累之"，是因负累作仆，司马迁却误解为"缧绁"了。

② 见《左传》昭公二十年。

应该先离间孔子在鲁国的关系,如果离间不成,再割送地方也不迟呵!"

他们这时的阴谋是设法引起孔子和鲁定公、季桓子间的不和。他们知道孔子是一本正经的,鲁定公和季桓子是爱玩乐的,于是利用了这一个矛盾,送了八十名美女去,还带了一百二十匹好马。这些美女打扮得十分妖艳,又会唱靡靡之音,那些马也披挂得耀眼争光,说是专诚送给鲁国国君的呢。

这些美女和骏马已经到了曲阜南门外了,暂时停留在那里,闹得十分轰动。但还没敢进城,怕的是孔子反对。鲁定公虽然听说,也没敢公然去,便打发季桓子先去偷看一下。季桓子怕别人认出来去报告孔子,便穿上便衣,偷偷去看了三回,越看就越舍不得。于是季桓子和鲁定公商量,装作到各处去巡视,但一巡就整天钉在南门外,沉醉在那些歌舞里了。他们对于政事也不大过问了。

当然,最后孔子也晓得了。子路见他们既如此荒唐,对孔子又这样不尊重,便不耐烦起来,对孔子说:"老师可以走了吧?"孔子说:"还要待一待。鲁国就要在郊外祭天了,如果能把祭肉分送过来,那就是还尊重我们,我就还可以留一留的。"

但是季桓子终于接受了齐国的美女骏马,不问政事已经有三四天了。① 祭天也祭过了,可是并没有送祭肉来。②

孔子把情况判明了,知道鲁定公原是没主意的;季桓子又不

---

① 见《论语·微子》篇,第四章。
② 见《孟子·告子》下,第六章。

过是利用自己,替他消除像公山不狃那样的异己势力罢了。事实上,季桓子也怕孔子长久搞下去会把他的势力削弱,所以冷淡孔子是势所必至的。孔子无法和他们合作下去也是一定的。况且另一个贵族孟氏还在为拆城的问题抗拒着呢,再加上齐国的离间,孔子的处境便显得非常尴尬了。

于是孔子辞了职,率领着弟子离开鲁国。因为鲁国究竟是孔子的家乡,走的时候心情十分沉重。他们走得很慢,不能像离开齐国时那么干脆了。①

孔子走到屯这个地方的时候——这里已是鲁国的南境了,季桓子所派的一个管音乐的官名叫师己的赶了来,名为送行,实际上是来探孔子的口气的。

"老师,您老人家并没有错儿呵。"师己这样说。

孔子便道:"我唱个歌好么?这是我新作的歌:

> 用的是美人计,
> 美人计把人赶走,
> 歌舞也够迷人,
> 政事可就没了救。
> 我有什么不开怀?
> 我今后优哉游哉!"②

---

① 见《孟子·尽心》下,第十七章。
② 见《孔子家语·子路初见》篇、《史记·孔子世家》。

师己听了这话就回来了。季桓子问他孔子说什么来着,师己便照实说了。季桓子听了,装作惋惜的样子,说:"老师是怪我收留这些丫头呵!"

孔子就这样离开了鲁国。

十五　在卫国受到监视

这一次孔子离开鲁国,虽然是由于鲁定公和季桓子对自己冷淡而促成的,但主要原因应该是由于想限制贵族势力而遭到了阻碍。像孟氏拆城的问题,就一直还没有解决。孔子走了,这一年是公元前四九七年,孔子已经五十五岁了。

往哪里去呢?不能再往东去,东边是齐国,齐国是刚刚用美女骏马的计策离间了孔子的;于是向西走去。

孔子选择了卫国(在河南北部)。这是因为:一来卫国有为自己所佩服的熟人。卫国的大夫蘧伯玉就曾打发人来看望过孔子,孔子问那使者:"老先生在做什么呢?"使者说:"老先生想努力减少自己的过错,可是还没十分做好呢。"孔子很赞美这使者会说话[1],当然他同时也看出蘧伯玉是如何谦虚而有修养了。二来卫国这时是安定的,卫灵公已经统治了卫国三十八年,而卫国原有的一些人才,像蘧伯玉已经老了,史鱼[2]已经死了,所以卫国又是可

---

[1] 见《论语·宪问》篇,第二十五章。

[2] 史鱼也是卫国的大夫,他在古代有广泛的声誉,先秦书中常有"曾史之行"的话,曾指曾子,史即史鱼。孔子也很佩服史鱼,他曾说:"史鱼真够正直呵!太平呢,他像箭那么直;不太平呢,他仍像箭那么直。"见《论语·卫灵公》篇。

以有为的地方。三来子路和卫国的宠臣弥子瑕是连襟[1]，孔子到卫国，可能还受了子路的怂恿。

孔子在卫国的都城帝丘（在现在河南濮阳县）见了卫灵公。但这时卫灵公对孔子是没有什么认识的，只是空洞地觉得应该对孔子敬重罢了。卫灵公便问孔子在鲁国受什么待遇，得多少米。——那时的薪俸是以米来计算的。孔子把在鲁国的情形说了，于是孔子得到如同在鲁国一样的地位和生活待遇。

但是他和卫灵公的关系究竟是不巩固的，因为一则刚到，二则他又不是卫国人。有人还说了这样的话："孔子来到卫国，也许是不怀好意的。他带来的弟子很多，各样人才都有，万一是为了鲁国而到这里有什么企图的话，又怎么办？"

卫灵公不能不小心了，便派公孙余假监视孔子，孔子出门进门，这个人都跟着。孔子感到很别扭，就又率领着弟子离开了卫国。[2]

---

[1] 见《孟子·万章》上，第八章。
[2] 见《史记·孔子世家》。

十六　过匡城被拘留

孔子这一回在卫国没住几个月。他走得是如此仓促,他自己坐的是车,弟子们有的跟在车上,大多数却是步行的,当他要出东门的时候,便和一部分弟子失散了。

孔子的弟子子贡,这时是个二十四五岁的青年,因为找不到老师,很着急,逢见人便问。于是有人笑嘻嘻地告诉他:"我看见东门有一个人,长得很体面,两腮像尧帝,脖子像有名的法官皋陶,肩膀像大政治家子产,腰以下又像治水的大禹,不过还短三寸就是了。样子很狼狈,像条丧家狗呐。"①

子贡知道这一定是孔子了,便找到东门,果然赶上了孔子。孔子问他迷失到哪里,怎样才找来的呢?子贡便把刚才听来的话告诉了孔子。

孔子听了,笑道:"一个人的长相是不足为凭的。说我像条丧家狗,倒一点不错!一点不错!"

孔子等出了东门往前走,走到一个地方叫匡(在现在河南长

---

① 这一段事,《史记·孔子世家》说发生在孔子过宋至郑时。但据崔述在《洙泗考信录》中的考辨,孔子很少有机会到郑国;又据《韩诗外传》卷九,有个与此类似的故事发生在卫国。孔子有好几次离卫,只有这一次可能是匆迫的,所以叙在这里。

垣县境)①，不巧逢上这个地方正在闹乱子。原来有个被卫灵公所驱逐的卫国贵族公叔戍，他占据了匡城。②因为这地区还处于战时状态，所以匡城的人是在警戒着的。他们见孔子带了这么些人来，已经觉得形迹可疑。逢巧给孔子赶车的弟子颜刻又用马鞭子指着城缺口说："我从前和阳虎就是从这个缺口打进城去的。"匡城的人听见这话，就把孔子误会为阳虎的一伙了③，因而把孔子等包围起来。——原来阳虎曾带兵骚扰过这个地方。

匡城的人把孔子和他的弟子包围了五天，不许他们走动。孔子的弟子颜渊原先在路上走得慢了，掉了队，现在才赶了来。孔子见了他就说："我以为见不着你了，我以为你死在路上了。"颜渊说："老师还活着，我们还要做一番事业哩，哪里敢死？"④

匡城的人包围得更紧了。孔子的弟子便有些恐慌，但孔子镇静如常，他还安慰弟子们说："周文王死了以后，国家建设的一套办法，不是经过我们的研究，保存在我们这里么？除非真不要太平，真不叫人过好日子，那也罢了。我不信匡城人能把我们怎

---

① 《史记·孔子世家》叙孔子两次过蒲，一次过匡，实为一事。裴骃《集解》在"过蒲"下引徐广的话"长垣县有匡城蒲乡"，可知本为一地。下文即将《史记》孔子过匡过蒲事综合叙述。

② 公叔戍据蒲城，见顾栋高《春秋大事表》，公叔戍叛卫事又见《左传》定公十四年，两书所记时间相同，而且正是孔子过匡之时。

③ 《史记·孔子世家》中说，"阳虎尝暴匡人"是事实，而说"孔子状类阳虎"，因而被拘，却不近情理。据张守节《史记正义》引《琴操》，颜刻的话中提及从前和阳虎一道来过，匡人因而误会现在是阳虎再来，这是合理的。

④ 见《论语·先进》篇，第二十三章。

样!"①

孔子有一个弟子叫公良孺的,带着五辆车跟随孔子,他长得很高大,很勇敢,这时便出来说:"我看还是战斗吧。就是战死,也比困在这里强。"他于是带头勇猛地和匡城人战斗起来。

这下匡城人害怕了,占据匡城的贵族公叔戌才来和孔子谈条件,说:"如果你答应不再到卫国去,我们是可以放你走的。"孔子答应了,这样才解了围。

---

① 见《论语·子罕》篇,第五章。

十七　到了晋国的边界上

匡城在卫国和晋国的边境上。孔子也想到晋国去。① 晋国位置在现在的山西省以及山西和河北、河南交界处,是春秋时期的一个大国。这时当权的是赵简子,赵家在晋国的地位和季氏在鲁国的地位很相似。

孔子正要到晋国去的时候,忽然听说赵简子杀了两个贤人——鸣犊和窦犨。②

这时孔子刚要过黄河,便对着河水叹口气说:"浩浩荡荡的流水是很美的,可是我不想过去了。这也是命吧。"孔子又说起迷信的话头儿——"命"来了。

子贡问道:"您这话是什么意思呢?"

孔子说:"鸣犊和窦犨是晋国的两个贤人,赵简子没有得志的时候呢,依靠他俩出主意;现在掌握了政权,却把他俩杀了。我听说,如果杀害了幼小的走兽,麒麟就不肯来到野外;如果把水里的鱼打尽,蛟龙就不肯来降雨;如果毁坏了鸟窠、鸟蛋,凤凰

---

① 《史记·孔子世家》叙孔子欲至晋在第二次去卫之后,现在以匡城位置衡量,当在此时。

② 事见《史记·孔子世家》,但《孔子世家》中鸣犊、窦犨作窦鸣犊、舜华,兹据王引之说改。

也就不肯飞来。为什么？因为都认为同类被残害是够伤心的呵！鸟兽还这样，难道我能无动于衷么？"

孔子因而停下来，作了一个歌曲，叫《陬操》。他再也不肯到晋国去了。

这时晋国国内正在进行着战争。赵简子和晋国另外两个贵族范氏、中行氏互相攻打。赵简子的家臣佛肸便占据中牟（在现在河南汤阴县境）独立起来了，他的企图是打击赵简子的威信，同时也想趁机捞一把。这情形很像鲁国的公山不狃占据费城反对季氏。

佛肸也曾打发人来请孔子。① 这同样是希望借孔子来壮一壮声势的。佛肸看到孔子正在彷徨无路，也知道孔子因为赵简子杀了贤人而不满意赵简子，他认为孔子很有去的可能。

孔子果然也想去，但子路又出来反对了，说："我听老师说过，如果一个人本身的行为不正当，好人是不和他合作的。佛肸反叛赵简子，难道是应当的么？"

孔子说："不错，我是说过那样的话。但是我不是也说过，真正坚强的，磨也磨不成薄片；真正洁白的，染也染不成黑漆么？我又不是苦瓜，难道可以长远地挂在半空里不吃饭么？"②

可是当时晋国的情况的确混乱，孔子到底没有到中牟去。

---

① 《史记·孔子世家》叙佛肸事在孔子欲至晋前，兹因赵简子先有为范氏、中行氏所败奔往晋阳事，故将叙述次序调动。中牟近匡蒲，其事相接。

② 见《论语·阳货》篇，第七章。

十八　仍然回到卫国
——不愉快的三年

孔子考虑的结果，还是再回到卫国去。子贡问道："不是和公叔戌在匡城订过盟约，不再回卫国的么？"孔子说："那是强迫订下的呵，强迫的盟约就是神也不管这笔账的。"

卫灵公听说孔子回来了，十分高兴，并且后悔前些时候不该轻信人言，派人监视。这次他亲自到郊外去迎接孔子。

孔子住在老朋友蘧伯玉家里。孔子这一回在卫国住得很久，一住住了三年。转眼孔子已经五十九岁了。鲁国国内也已经换了国君，鲁定公死了，由鲁定公的儿子鲁哀公继了位。

孔子在卫国的这几年却也并不得意。原因是，卫灵公已经老了，对孔子表面上虽然很敬重，但并不是真心的。他对于本国一些老人像蘧伯玉等尚且冷淡，如何能尊重外来的孔子？他十分荒淫，什么事也不振作，只知道和夫人南子、宠臣弥子瑕等鬼混而已。

卫灵公的夫人南子这时一定要见见孔子。她打发人告诉孔子说："四方来的名人，凡是瞧得起我们国君、觉得够交情的，没有不来见见我的。我也很愿意长长见识呢。"

孔子起初还婉谢，但谢绝不了，只好去见了她。

南子坐在纱帐里,孔子进门行了礼。南子在帐子里也回了礼。因为有帐子隔着,南子是瞧清楚孔子的,但孔子却瞧不见南子,只听见南子身上佩戴的玉器丁冬丁冬地响。

孔子出来告诉门徒们说:"我本来不要见这样的女人,这次不过是礼尚往来罢了。"

可是子路很不高兴。他觉得孔子有些失身份。

孔子急了,发誓说:"要是有什么别的,我不得好死,我不得好死!"①

孔子和南子的见面也的确产生了一些不良影响。卫灵公认为孔子不是那么严肃可怕了。有一天,卫灵公和南子一同坐车出门,便让孔子在第二辆车上坐着,后面又跟着一辆车,坐的是太监雍渠。他们就这样一块在街市上招摇起来了。②

卫灵公也许认为这是表示对孔子的亲近吧,但孔子觉得这是难堪的侮辱。孔子事后说:"咳!我没见过看重道德像看重美色那样的人!"③

有一天,卫灵公问孔子说:"讨伐匡城蒲乡的公叔戌可以不可以呢?"孔子说:"当然可以,而且应该讨伐。"卫灵公又说:"但是我的大臣们不赞成呢。再说这地方是一个缓冲,可以用来应付晋、楚两国的。现在去讨伐,有把握么?"孔子说:"那地方的男人现在宁愿死,也不愿跟着公叔戌胡闹;那地方的妇女也肯出死力保

---

① 见《论语·雍也》篇,第二十八章。《史记·孔子世家》有更详细的记载。
② 见《史记·孔子世家》。
③ 见《论语·子罕》篇,第十八章。司马迁在《史记·孔子世家》中把这句话联系在这里,又说"于是丑之",这样理解是很恰当的。

卫自己的家乡，而不愿意受公叔戌的压迫。我们所要讨伐的，只是为首的四五个人罢了，把握是有的。"卫灵公说："好。"可是并没有认真去进行。①

孔子知道卫灵公是不想振作了，而且也并不重视自己。

有一天，孔子正在屋里击磬（当时的一种乐器），一个背草筐的老人路过门口，听见磬声便说："击磬的是个热肠人呵！"过了一会儿，他又说："但是太固执了。磬的声音又响又急，看来这个人是唯恐人家不知道自己！既然没有人知道，也就算了吧，何必呢？歌谣上不是这样唱来着——'水深呢，脱去衣服游过去；水浅呢，撩起衣服蹚过去。'"②

可是孔子这时却还是执迷着——为梦想实现自己的政治理想和得到政治地位而执迷着。

最后卫国发生了政变。起因是卫国太子蒯聩和南子有了恶感。他派人去刺杀南子。但那个人到时候不敢下手，蒯聩屡次用眼睛向他示意，这样便被南子觉察了，她拼命喊起来："太子要杀我呢！"卫灵公是偏向南子的，太子蒯聩吓得赶紧逃到晋国赵简子那里去了。③

这次卫灵公却想用兵了，便又问孔子怎样作战。孔子觉得卫灵公实在老糊涂了，作战理由既不正大，又牵涉晋国；况且是父子之间的争执，外人是不好说话的，于是答道："要是问我怎样祭

---

① 《史记·孔子世家》叙此事在孔子居陈三岁以后，但公叔戌那时已逃往鲁国了，故崔述以为时代不对。今将此事提前，与情势较合。

② 见《论语·宪问》篇，第三十九章。

③ 见《史记·卫康叔世家》。

天祭祖呢，我是学过的；打仗么，我可不懂。"①卫灵公听了自然很不高兴。

第二天孔子再同卫灵公谈话的时候，卫灵公的眼睛就没有看孔子，而只是仰着头看空中的大雁。孔子觉察出现在已经是必须离开这地方的时候了。

卫灵公不久就死了，结束了他在卫国四十二年的统治。内争继续着。南子依照卫灵公的遗命，叫小儿子郢来继位。但是郢却不敢答应，他说："太子蒯聩虽然逃亡在外，但太子的儿子叫辄的还在，应该由他继承。"于是卫灵公的孙子辄被立为卫君，这就是卫出公。可是逃在晋国的太子蒯聩还想回来继位，这事得到了晋国赵简子的支持。那时鲁国的野心家阳虎也在晋国，赵简子便命令阳虎护送蒯聩回国。阳虎派了八个人穿着丧服，假装是从卫国来迎接蒯聩的，于是蒯聩假哭着到了国境。但蒯聩的儿子卫出公却用武力拒绝了蒯聩，结果蒯聩的阴谋遭到失败。②

这就是当时卫国的情况：由卫灵公的父子之争演变为第二代的父子之争。

在卫出公被拥立的这一年——公元前四九二年，孔子整整六十岁了。

当时，孔子的弟子中，有人怀疑孔子是否参与过拥立卫出公的政变，像冉有就问子贡道："咱们老师是不是曾帮助过卫出公

---

① 见《论语·卫灵公》篇，第一章中有"明日遂行"语，但据《先秦诸子系年考辨》第39页，孔子此次去卫实在卫灵公死后，《论语》只是形容孔子走得干脆罢了。

② 见《左传》哀公二年、《史记·卫康叔世家》、《史记·孔子世家》。

呢?"子贡说:"让我去问问看。"

子贡是个聪明人,他不便直接问孔子,却借两个历史人物来探孔子的口气,他问孔子道:"伯夷、叔齐是怎样的人呢?"伯夷、叔齐是古代传说中的两位王子,他们彼此推让,不肯继任父亲的王位,结果都逃到国外去。子贡提出这两个人来,看孔子对他们如何评价。孔子说:"有仁德的人呵。"

"那么,他们有什么怨恨不平么?"子贡想把问题弄得更明确些。

"他们所追求的只是仁德,而得到的也就是仁德,这就满足了,还有什么怨恨的呢?"

子贡心里就明白了,出来告诉冉有说:"咱们老师是不会参与的。"①

死去的卫灵公既然不能重用孔子,现在卫国又发生了剧烈的内部斗争,这内部斗争还牵涉国外势力——晋国支持蒯聩,齐国则支持卫出公,孔子于是决定离开卫国。

孔子最后批评卫国的政治说:"卫国和鲁国真是难兄难弟呵!"②从历史上说,鲁国的祖先是周公,卫国的祖先是康叔,康叔和周公原是亲兄弟,现在混乱的情形又差不多,所以孔子说了这样的双关语。

---

① 见《论语·述而》篇,第十五章。
② 见《论语·子路》篇,第七章。

十九　过宋国的时候遭到迫害

孔子怀着不愉快的心情离开卫国。这一次的方向是往东南走。走到卫宋交界一个叫仪的地方（在现在河南兰考县境），管边界的小官吏说："过往的名人，我没有不能拜见的。"意思是要见见孔子。孔子的弟子便引他见了孔子。他见了孔子以后，出来说："朋友们，现在还怕老不太平么？天下混乱得太久，看来老天爷要叫孔子出来管教管教了。"[1]

孔子出了卫国国界，就到了宋国境内。孔子和弟子们歇在一棵大树底下。孔子叫弟子们温习所学过的礼仪。正在演习，那曾经因为奴役人民而被孔子批评过的宋国司马桓魋[2]便带了一些人来，把树砍倒了，还要杀孔子。弟子们说："应该快点儿走了！"孔子说："我有我的事业，老天会保佑我，桓魋能把我怎么样！"[3]

孔子一面拿话来安慰弟子，一面退了开去。

---

[1]　见《论语·八佾》篇，第二十四章。

[2]　据说桓魋是很奢侈的人，他为自己造一个石椁（棺材的石套子），造了三年还没有造成，可是工匠都病倒了。孔子于是狠狠地批评了他。见《曲礼·子贡问解》。

[3]　见《论语·述而》篇，第二十三章及《庄子·天运》篇。

为了免得在宋国遇到更多的留难,孔子换上便衣①,和弟子们逃出了宋的国境。

---

① 见《孟子·万章》上,第八章。

二十　孔子停留在陈国

就在公元前四九二年，孔子到了陈国①，住在大夫司城贞子家里。陈国在宋国的南面，国都宛丘，就是现在河南的淮阳县。陈的国君是陈湣公，这一年是陈湣公十年。孔子参加了陈国的政府工作。

这时陈国东方的吴国和南方的楚国都是很强大的，陈国常受两国欺凌。吴国尤其趾高气扬，因为这时正是吴王夫差任用伍子胥打败越王勾践的第三年。——同时却也是越王勾践卧薪尝胆的时候。

陈国是一个小国，是吴楚两大强国争夺的目标，陈湣公又很平庸，所以孔子在陈国也没能取得什么显著成绩。

陈湣公把孔子只看作是一个博学的人。有一天，一只被箭射穿的小鹰落下了，箭还在小鹰身上，箭头是石头的，箭杆长一尺八寸，陈湣公便打发人去问孔子。孔子说："这箭是有来历的。它是北方肃慎国（在现在吉林省）的。从前周武王平定天下以后，各国都有贡物。肃慎国就贡献了这种箭。后来周天子又把远方的

---

① 《史记·孔子世家》记孔子两次到陈国，中间曾回卫。兹据崔述考证，孔子到陈只一次。

贡物分给同姓的国家,为的是叫人不要忘了边疆。我听说这种箭曾分给了陈国。不信,可到保存古物的机关查一查。"一查,果然有。[1]陈湣公大为佩服,可是陈湣公佩服孔子的也就是这类事罢了。

孔子在陈国也常思念着鲁国。这年夏天,鲁国发生了火灾,先是一个小的宫殿起了火,后来蔓延到鲁哀公的正殿上去了,最后把鲁哀公的八代祖桓公、六代祖僖公的庙也烧了。桓公、僖公祖庙的存在,也说明季氏在鲁国的跋扈。原来按照当时的礼法,祖宗的庙只保存到四代为止,鲁国所以还保存桓公、僖公的庙,是因为季氏当权的关系。桓公是季氏的直系祖先,僖公是开始给予季氏封地的人,季氏为了纪念他们,所以特地将他们的庙保存下来。

这年秋天,季桓子病得很重,他在车中看到鲁国国都的城墙,叹口气说:"从前这个国家本来也可以兴旺的,因为我对不起孔子,所以才没有兴旺起来。"他回过头来,望了望他的继承人季康子说:"我快死了,我死后你一定会辅佐鲁君的;你如果辅佐鲁君,一定要把孔子请回来。"

过了几天,季桓子果然死了,季康子继承了他的职位。季康子把季桓子安葬以后,就要把孔子请回来。可是这时贵族们却另有一种打算。公之鱼便是抱着这种打算的人。他说:"鲁定公还在的时候,曾用过孔子,但是不能有始有终,被各国诸侯笑话。现在要是再用孔子,如果也不能有始有终,不是又要被各国诸侯笑

---

[1] 见《国语·鲁语》。

话一回么?"这话透露出当时鲁国统治集团原没打算真正有始有终地任用孔子。

季康子说:"那么,你看怎么办呢?"

公之鱼说:"我看不一定要孔子本人来,只请到孔子的弟子像冉有一类的人就够了。请冉有,还不是等于请回孔子了么?就是闹翻了,也不伤咱们的面子呵。"

季康子觉得对。但是也没有马上实行。①

这仍是孔子六十岁那一年的事。这一年孔子特别辛苦:离卫,过宋,到陈。这一年他碰到的事儿也特别多:卫国立了新君,发生内乱;孔子过宋的时候,遭到桓魋的迫害;鲁国发生了火灾,季桓子死了,季康子执政,打算把孔子请回,可是也没有真的来请。

上了六十岁的孔子,阅历是多了,受到的磨练也更多了,他曾说:"我在六十岁上,耳朵里听到任何不如意的话,也能冷静地去分析,犯不上生气了。"②

孔子在陈国,一住又住了三年。

---

① 《史记·孔子世家》在公之鱼与季康子对话后,即接叙召冉有及孔子"归乎"之语。兹据崔述说法移后。

② 见《论语·为政》篇,第四章。

二十一　孔子绝粮

公元前四八九年,吴国大举攻陈,楚国助陈进行反攻,陈国陷于混乱状态。楚国的军队由楚昭王亲自率领着,驻扎在陈国东北部的城父(现在安徽亳县)地方,这样就阻截住吴军的进攻。但这时楚昭王病了。

逢巧天上有一簇红云,像一群五颜六色的鸟一样,夹着太阳飘去。楚昭王派人问周的太史(管历史、天文的官)这是什么兆头,周太史说,这预兆对楚昭王是不吉利的;但又说可以移在将相身上。楚昭王的将相便纷纷向神祈祷,希望能代替楚王承受不幸。但楚昭王说:"这不成。将相是我的手足,如何可以代我受祸呢?"他没有答应。于是又叫卜者卜了一卦,卦象上说楚王的病是由于没祭河神而惹起的。有些官员便请楚王去祭一祭河神。可是楚昭王也不以为然,他说:"我们祖传的疆域是在长江汉水一带。黄河不在我们境内,我是得罪不着河神的。"

孔子听说楚昭王这样,很佩服楚昭王的开明①。孔子想,陈国既然在混乱中,就不如到楚国去。正好楚昭王也希望孔子能到楚

---

① 见《左传》哀公六年,《史记·楚世家》。

国去,并曾派人来迎接。于是孔子决定上楚国去走一趟。

从陈国到楚国,中间要经过一些吴、楚两国所争夺着的小国,其中之一是蔡国。蔡国国都原在现在河南东南部的新蔡县境,但在吴楚争夺过程中,曾一度因倾向吴国而迁到州来(现在安徽凤台县),这时一部分蔡国人民却又被楚国迁到负函(现在河南信阳县)。孔子要从陈国到楚国去,就必须经过负函。负函在名义上也算属于蔡国。①

从宛丘到负函这一段路上,正是吴楚交兵的地带。有一天,孔子被乱兵围住,带的粮食也吃光了。跟从的弟子们又饿又累,有些人已经病倒了。②

但是孔子还照常给弟子们讲学,照常弹琴、唱歌。

子路首先沉不住气,噘着嘴,问孔子道:"有道德有学问的人也遭难么?"

孔子说:"有道德有学问的人并非不遭难,但是能够遭了难也不动摇。没有道德没有学问的人一遇困难却会变节。"③

但是弟子们越来越不安定了,孔子便把子路叫来问道:"古时候的一首诗歌上说:

---

① 据崔述考证,见《洙泗考信录》卷三。
② 陈蔡之厄即在陈绝粮事,参考《先秦诸子系年考辨》,第48页。
③ 见《论语·卫灵公》篇,第二章。

> 又不是老虎,
>
> 又不是犀牛,
>
> 徘徊在旷野,
>
> 是什么因由?

是不是我们讲的道理不对了?不然,我们何以会困在这里呢?"

子路说:"恐怕是我们的仁德不够,人们才不相信我们;恐怕是我们的智慧不够,人们才不能实行我们的主张吧。"

孔子叫着子路的名字说:"由呵,假如有仁德就会使人相信,为什么伯夷、叔齐会饿死呢?假如有智慧就可以行得通,为什么比干的心会被人家剜掉呢?"

子路退出,子贡进来见孔子。孔子又问道:"古时候的一首诗歌上说:

> 又不是老虎,
>
> 又不是犀牛,
>
> 徘徊在旷野,
>
> 是什么因由?

是不是我们讲的道理不对了?不然,我们何以会困在这里呢?"

子贡说:"老师的理想太高了,所以到处不能相容。老师是不是可以把理想降低一些?"

孔子说:"赐呵,一个好的农夫能够好好地耕种,但是不一定有很好的收成;一个好的工匠能做出很巧妙的东西,但是不一定正赶上人家的需要;一个想有作为的人有他自己的主张,他能够把主张有条有理地发表出来,但是人家不一定就会接受。你现在不努力充实你自己,却斤斤计较别人能不能接受,你的志气未免太小了!"

子贡退出,颜渊进来见孔子。孔子仍旧问道:"古时候的一首诗歌上说:

又不是老虎,

又不是犀牛,

徘徊在旷野,

是什么因由?

是不是我们讲的道理不对了?不然,我们何以会困在这里呢?"

颜渊说:"老师的理想很高,所以到处不能相容。可是,老师还是可以努力争取实现这种理想的。人家不能相容,有什么关系?人家不能相容,才能考验出有道德有学问的人的涵养功夫。拿不出好的主张来,在我们是可耻的;有了好的主张而没有人实现,这是各国当权者的羞耻。人家不能相容,有什么关系?人家不能相容,才能考验出有道德有学问的人的涵养功夫。"

孔子听了,很欢喜,笑道:"就是这个话呵。姓颜的小伙子,如果你有了钱,我愿意给你管账呐!"①

孔子的话其实是自我陶醉,自己安慰自己,颜渊的话不过是迎合孔子的心理。孔子一面拿颜渊的话来安慰大家,一面派子贡和楚军交涉好,于是孔子等在楚军保护下到达了负函。

---

① 以上均据《史记·孔子世家》。

二十二　孔子勾留在楚国的边缘

孔子到负函的一年六十三岁了。这年是公元前四八九年,在鲁国是鲁哀公六年。

这时负函在楚国的势力控制之下,到了这里也就等于到了楚国。①楚国的大将沈诸梁驻扎在负函,他是这地方实际上的执政者。沈诸梁曾经当过叶(在现在河南叶县的南面)这个地方的长官,因此习惯上也称为叶公。公是楚国土话长官的意思,并不是爵位;但叶公在楚国是很有势力的人物,他后来曾代理过令君——楚国令君相当于其他国家的宰相。

叶公曾经向孔子请教过政治,孔子告诉他:"要让近处的人安居乐业,同时让远方的人愿意来投奔。"②这对于叶公当前的任务——管理迁在负函的蔡国人民——来说,正是对症下药的。因为,叶公以楚将的身份对待这一部分蔡国人民,是免不了像对待俘虏那样的;如果对待不好,在这不安定的地区当然就会产生恶果了。

---

① 据金履祥、梁玉绳说,孔子至叶即至楚。而叶即指叶公沈诸梁所在之蔡,即负函。《史记·孔子世家》把孔子至叶与至楚误成两件事,当中又插入了在陈绝粮的一段事,时间地点均错乱,现已理清。

② 见《论语·子路》篇,第十六章。

叶公很佩服孔子,但苦于不能完全理解孔子,便问子路:"孔子到底是怎样的人呢?"子路也觉得难以作答,不晓得从哪儿说起。

孔子听说了,便告诉子路说:"由呵,你怎么不这样回答他:孔丘为人,就是不倦地学习,不倦地教人;发愤起来连吃饭也忘记了,总是那么乐观,有人说他快要老了,但他一点儿也还没觉得呢。"[1] 这就是孔子对于自己终身事业和乐观积极精神的概括,而且这种态度,他是在任何环境下都保持着的。

病中的楚昭王本来是想重用孔子的,准备在孔子到楚国后封给他七百社。一社是二十五户人家,这种待遇是很优厚的。可是楚国的贵族们不赞成,怕孔子到了楚国会夺取政权。那时楚国的令君是子西,子西是楚昭王的庶兄,他便提醒楚昭王道:"大王的外交使臣,有赶得上子贡的么?""没有。""大王的令尹,有赶得上颜渊的么?""没有。""大王的将军元帅,有赶得上子路的么?""没有。""大王的地方官吏,有赶得上宰我的么?""没有。"

子西于是说:"那么,好了。楚国最初受的封地也不过五十社,你现在封给孔子的,不也太多了么?再说孔子政治上是有一套主张和做法的,他想实现周公的事业,你用了他,楚国还能子子孙孙过安稳日子么?当初周文王、周武王都是由小根据地,干出大事儿来的。现在如果让孔子有了根据地,再加上他那些能干弟子,楚国是太危险了。"

---

[1] 见《论语·述而》篇,第十九章;并见《史记·孔子世家》。

楚昭王听了这话，就打消了原来的念头。①

当年秋天，楚昭王在城父病死了。当权的令尹子西是不会欢迎孔子的。于是孔子依然停留在楚国的边沿上，进退都有些为难了。

一天，有一个人好像疯疯癫癫的，跑近孔子的车子，唱着这样的歌：

> 凤呵，凤呵，
> 为什么这样狼狈？
> 过去的过去了，
> 未来的还可挽回。
> 算了，算了，
> 现在当权的都是些败类！

孔子听见这个歌，赶快下了车，想同这个人谈谈自己的心事，但是那个人已经跑远了。②

又一天，孔子又逢见一个渔人唱着歌：

> 沧浪的水清呵，
> 我洗洗我的帽缨；
> 沧浪的水浊呵，

---

① 见《史记·孔子世家》。
② 见《论语·微子》篇，第五章。

我洗洗我的脚!①

孔子发觉了楚国的顽固贵族势力比任何国家的都大,好人是不容易出来做事的,这些人的歌谣就反映了这一点。于是他就放弃了继续前往楚国的打算。当时和鲁国关系较密切的是卫国;孔子自己比较熟悉的,除鲁国之外也是卫国。卫国经过几年的内乱,太子蒯聩一时无力夺回王位,而蒯聩的儿子卫出公的政权也暂趋稳固。——孔子决定还是回到卫国去。

在回卫国的路上,逢见一个长得很高的人,浑身汗津津的,还有一个身材也很魁梧,两脚上满是泥的,他们在那里一块儿耕地。② 那时用牲口耕地还不普遍,一般地就是用人力来耕地。孔子打发子路向他们询问渡口在哪里。子路原是拿着马鞭子赶车的,他下车来问路,马鞭子便交给了孔子。

当子路开口问路时,前边那个高个子却反问子路道:"坐在车子上拿鞭子的是谁?"

子路说:"是孔丘。"

高个子又问道:"是鲁国的孔丘么?"

子路说:"是。"

"哼!那他就该知道渡口了。"

后边那个满脚是泥的大汉也跟着问子路道:"你是谁?"

子路说:"我是仲由。"

---

① 见《孟子·离娄》上,第八章。
② 关于长沮、桀溺二人名字的意义,参见金履祥《论语集注考证》卷九。

"你是孔丘的弟子么?"

"是。"

那个大汉便道:"现在的世道是到处乱哄哄,哪里不是一样?与其跟着躲避那个、选择这个的人跑,何如跟着我们不问世事的人呢?"

他们继续不住地翻地,不再说话了。

子路回来告诉了孔子。孔子听了,觉得这又是一个大刺激,他思想有些混乱了,一时定不住神,停了一大会儿①,才慢慢地说:"有种人,只在山林里和鸟兽来往,我是做不来的。像刚才这样的人,我不是也很愿意和他们在一起么?我没有和这些人在一起,正是因为到处乱哄哄呵。天下果然太平了,我还到处跑么?"②

过了几天,孔子和弟子们在路上,子路落在后边了,他不知道孔子走了哪一条路。他逢见一个挂着拐杖、背着柳条筐的老头儿,便问道:"你见我的老师来么?"

老头儿说:"四肢不动,五谷不识,什么老师不老师!"他放下拐杖,开始拔草了。

子路好容易赶上孔子,把这事告诉了孔子。孔子说:"这恐怕是一个隐士呢。"再打发子路去寻找,那人已经走远了。③

像孔子在路上遇见的这些人物:背柳条筐的,耕田的,以及

---

① 《论语》原文作"夫子怃然",据焦循的解释是安定不动的意思,他的论证很确切。

② 见《论语·微子》篇,第六章。

③ 见《论语·微子》篇,第七章。司马迁用这一节材料时删去了"止子路宿""见其二子""不仕无义"这样一些文字,删得好,兹依《史记·孔子世家》。

不久以前所遇见的一些人物：跑近车旁高歌的，打着鱼唱耍的，都很淳朴可爱。他们对孔子是在讥讽，也是在惋惜，这是孔子在北方所很少逢见的。这不能不使孔子在思想上起了一些波动。当然，思想变化是不能马上看得出来的，孔子在当时也还是顺了自己的路子走。于是孔子再回到了卫国。

　　这就是孔子六十三岁那一年的奔波：自陈到楚国的边境，自楚国的边境又返回卫国。

二十三　孔子再到卫国和归鲁

孔子再到卫国,比上两次顺利多了。这时卫出公在位已有三年,卫国已经大致上安定。孔子弟子也有在卫国做事的。卫出公也有意请孔子来担当重要职务。

热心的子路便来问孔子道:"这次卫国的国君请你出来,你首先要做什么呢?"

孔子答道:"当然先要整顿名称了,要让任何人的名义和他的职务完全符合,要让任何事物的名称和它的实际完全符合。"

子路说:"还是这么着么?你真是一位迂夫子呀!"

孔子不能不加指斥了,说:"由呵,你还是这么粗鲁!你不知道名称不对,讲起话来就别扭;讲话别扭,事情就做不好;事情做不好,礼节音乐就提倡不起来;礼节音乐提倡不起来,刑罚就不会公允;刑罚不公允,老百姓就无法安生了。所以我们称呼什么,一定要说得准确;说准确了,便一定要做到。我们讲任何话,是不能马虎苟且的。如果一个酒杯不是方的,难道也叫它方酒杯、方酒杯么?"①

子路没有话讲了。孔子的话反映了新旧变革剧烈的时代,旧

---

① 见《论语·子路》篇第三章,及《雍也》篇第二十五章。

的名称和新的内容不再适合的情况，但也正因为新旧还在剧烈变革，旧的固然想维持也维持不了，新的也还没有取得一个一致公认的看法。所以孔子这种主张在当时还是不受欢迎的。

这时吴国的势力越发扩张，压迫到了鲁国。公元前四八八年——鲁哀公七年，吴国和鲁国在鄫城（现在山东峄县境）举行会谈，吴国要求鲁国拿出一百头牛、一百只羊、一百头猪作为献礼，当时称为百牢，这是大大超越了当时礼制规定的数目；吴国并且威胁鲁国说："宋国已经这样贡献过了，鲁国不能少于宋国。"鲁国争执了一番，一点也没有效果，终于照数给了吴国。吴国又要求季康子去禀见，这次幸亏临时借用了子贡去，在外交上得了个小胜利，季康子才没有受辱。[①] 这一年，孔子六十四岁了。

第二年，吴国的兵来攻打鲁国，幸而有七百个英勇的武士坚决抵抗，吴国的兵才退去。孔子弟子有若就参加了这次战役。[②]

季康子感到鲁国情势这样危急，人才如此空虚，又见到孔子弟子像子贡、有若这样的人都还有点儿用处，想起了几年前打算把冉有请回去的话，于是便派人到卫国来请冉有。这时孔子已经六十五六岁了。

孔子听说这事，十分兴奋，说："鲁国这回请冉求（冉有名求）回去，准不是小用他，而是要大用他呢！"

这天，孔子看见自己的弟子冉有出了头，又看见自己还有那么些多才多艺的弟子，于是得意地说："有回国的希望了！有回国

---

① 见《左传》哀公七年。鲁对子贡系临时借用的，观冉有返鲁时子贡仍在孔子侧可知。

② 见《左传》哀公八年。

的希望了！我们这里这些年轻小伙子，有的是本领呵。简直像锦缎绣绸一般，叫我不知道裁哪一块才好呢。"①

这时子贡已经由鲁国回到卫国，仍旧陪着孔子。他看出孔子是想念家乡了，便在打发冉有上路的时候嘱咐冉有说："有机会的时候，要想法子把老师请回去呵！"

冉有到了鲁国以后，不久就立了功。因为这时吴国联合鲁国去打齐国，齐军侵入了鲁国。鲁国的三家贵族最初都不肯抵抗。经过冉有的劝说，季康子才出了兵。其他两家贵族也才出了兵。但是交战的结果，却只有冉有统率的季家这一支兵打了胜仗。②

季康子于是问冉有，道："你的军事才能，是学来的呢，还是生就的呢？"

冉有看见机会到了，便说："从孔子那里学的。"

季康子又问："孔子是怎样的人呢？"

冉有便答："他是这样的人，任用了他，一定有成就；有了成就，对老百姓一定有好处；连鬼神也找不出他的岔儿。可是如果不合他的意，就是封给他两万五千户人家，他也看不上眼。"

季康子说："那么，我想请他来，可以么？"

冉有说："可以是可以。但是千万不要再听小人的坏话，又冷淡他，就是了。"③

---

① 见《论语·公冶长》篇，第二十二章。唯《论语》作"在陈"，《史记·孔子世家》中两次提到这样的话，亦都编入孔子在陈时，兹据崔述说移此。

② 见《左传》哀公十一年。

③ 见《史记·孔子世家》。

于是季康子派了①公华、公宾、公林三位代表,又带了重礼,来迎孔子回国。

这时是公元前四八四年,孔子已是六十八岁的老人了。他离开鲁国后在各地过了十四年的漂泊生活。在这十四年中,孔子增加了许多经验、知识,他也接触了一些和自己见解迥然不同的人物,这就使他的眼界更广阔,观察事物的能力更深刻了。

---

① 《史记·孔子世家》作"逐公华、公宾、公林",据日本泷川资言考证,"逐"当作"使"。

二十四　孔子归鲁后的政治言论和政治态度

经过了十四年的奔波，孔子又回到家乡来了。

当他回味起这许多年来的经历的时候，他不能不想到那些时的精力实在浪费得可惜；他不能不发觉到真正能实现或想实现他的政治主张的国君，实际上可说是不存在的。当他重新咀嚼他在路上遇见的那些和自己主张不同的人物所说的话时，他不能不觉得还是这些人对他有些温暖，有些助益，而他在宫廷里是被当作可笑的对象的；因此，将近七十岁的孔子对自己的政治生活已比较看淡了，他觉得他不朽的事业还是文化教育。这也就是孔子晚年的主要生活。同时在政治见解上，他这时也有面貌一新的光景了。

当他刚回鲁国的时候，鲁哀公曾向他请教政治的大道理。他说："任用好人就是了。"鲁哀公又问："怎样才能使人民服从呢？"孔子说："任用正直的人，斥退奸诈的人，人民就服从；任用奸诈的人，斥退正直的人，人民是不会服从的。"[①]

季康子怕人偷窃，也来请教孔子。孔子便干脆答道："那是因

---

① 见《论语·为政》篇，第十九章。

为你自己贪得无厌呵;否则就是赏给人家,人家也不稀罕!"①

季康子又想多杀人,说是这样就可以使社会秩序安定。他询问孔子的意见,孔子说:"你执政,难道还需要杀人么?你坚决往好处做,人民就可安居乐业。上边的人好比风,下边的人好比草,风吹到草上,草会顺风倒的。"②

鲁国有一个很小的附庸国家,叫颛臾(在现在山东费县西北),季康子要攻打它。这时子路和冉有都在季家做事,便来告诉孔子。孔子怀疑这事是冉有策动的,就责备冉有说:"求呵,怕是你出的主意吧?颛臾这个小国向来是鲁国的附庸,为什么还要攻打它呢?"冉有说:"季康子要这样做,我们俩都不愿意。"孔子说:"这话说不过去。你们难道没有责任么?笼里的老虎跑了,匣子里的美玉碎了,难道不怪看守和保管的人么?"冉有又辩解道:"颛臾的城堡很坚固,又靠近费城,现在不攻下,怕有后患呢。"孔子便道:"求呵,我们最讨厌那种口是心非,又制造借口的人!我听说国家不怕人少,怕的是贫富不均;不怕穷,怕的是不安定。现在仲由和冉求辅助季康子,不能使境内人民生活安定,不能让远方的人愿意往这里来投奔,却在内部动起干戈来了。我恐怕季康子的忧患倒不在外而是在内呢!"③

这时季康子的收入是鲁国税收的一半。冉有给他当主管,帮他剥削。季康子的收入于是比往日还增加一倍。孔子为这事很愤

---

① 见《论语·颜渊》篇,第十八章。
② 见《论语·颜渊》篇,第十九章。
③ 见《论语·季氏》篇,第一章。郑注以为系季桓子时事,误。方观旭《论语偶记》,刘宝楠《论语正义》均谓季氏指康子,兹从之。

慨,说:"冉求不再是我的弟子了!大家敲起鼓来,一齐去攻击他吧!"①

又有一次,孔子弟子公西华被派到齐国去。冉有要给公西华的母亲送些米去,来请示孔子。孔子最初说:"给她六斗四升就是了。"冉有说应该多些。孔子说:"那么,十六斗好了。"可是冉有送了好几百斗去。孔子又很生气,说:"公西赤(公西华名赤)到齐国去的时候,骑的是肥马,穿的是又轻又暖的皮袄,他并不穷呵。我听说,周济应周济那最急需的。已经富有了,还锦上添花做什么?"②

有一天,孔子经过泰山旁边,看见一个妇人在坟头上哭得很凄惨。孔子凭着车上的横板听了一会儿,便打发子路去询问:"你哭得这样哀痛,到底是为了什么呀?"那妇人说:"我公公被老虎吃了,我丈夫又被老虎吃了,我儿子最近也被老虎吃了。""那么为什么不搬走哇?"那妇人答道:"因为要丁要税的不上这儿来呀。"孔子对弟子们说:"好好听着,暴政比老虎还可怕呐!"③

孔子的弟子受了孔子的启发,这时也多能为老百姓着想。鲁国为了尽量容纳压榨老百姓得来的财富,要改建仓库,孔子弟子闵子骞便说:"算了吧。照旧怎么样?改建干什么?"这话很得到孔子的赞许,他说:"闵损(闵子骞名损)这个人轻易不说话,一

---

① 见《论语·先进》篇,第十七章;《孟子·离娄》上,第十四章。
② 见《论语·雍也》篇,第四章。
③ 见《礼记·檀弓》下,第五十六章。

说就说得很中肯！"①

有一天，鲁哀公问孔子弟子有若道："年成不好，收入不够，怎么办？"有若说："收十分之一的税就是了。"鲁哀公说："收十分之二，我还不够呢。十分之一，怎么行？"有若便说："只要老百姓够吃，你还怕缺着么？要是老百姓不够吃，你又向谁要？"②

由于孔子的态度转趋明朗，他就更不容易在鲁国参加实际政治了。可是他并非对政治毫不关怀。

有一天，冉有退朝回来很晚，孔子便问他："为什么这样晚？"冉有说："有事情。"孔子说："如果有大事，我虽然不在位，我还是应该知道的。"③

关怀政治和热衷功名富贵是两件事，但孔子在往日对这两件事，是不大分得清楚的。孔子往日的奔走，其中未尝不带有功名富贵的念头。十四年的漂泊教育了他，他在这方面多少有些看开了。他这时说："吃粗菜，喝清水，枕着胳膊睡一觉，这就有很大的乐趣。那种不是用正当手段得来的富贵，在我看，实在和浮云一样呵。"④他又说："如果富贵真是一求就可到手的话，叫我给人赶车，我也干；如果强求也未必到手的话，那就不如让我爱做什么做什么了。"⑤

他爱做什么呢？那就是文化教育工作。

---

① 见《论语·先进》篇，第十四章。
② 见《论语·颜渊》篇，第九章。
③ 见《论语·子路》篇，第十四章。
④ 见《论语·述而》篇，第十六章。
⑤ 见《论语·述而》篇，第十二章。

他往日每每要做第二个周公,做梦也是离不了周公。但这时他这样的梦已很少了。他自己说:"我现在身体这么不济了,我很久没梦见周公了!"其实并不只是身体不济的缘故。

这时,也有人看出孔子不像往日那样积极从事政治活动了,就问他:"你为什么不从政呢?"孔子说:"只要能发生政治影响,这也就是政治呵。难道一定要到衙门里去办事才算从政吗?"[①] 基于这种认识,他更把文化教育事业担承了下来。

---

① 见《论语·为政》篇,第二十一章;据《白虎通》引此文,正是孔子自卫返鲁的时候。

二十五　专心从事教育工作

从三十岁左右就从事教育的孔子,在任何时期也不曾放弃教育活动的孔子,随时想到自己培育的人才出众而感到欣慰的孔子,随时感到自己的主要生活可以拿"学不厌,教不倦"来概括的孔子,现在更意识到教育工作才是自己的本行了。

由于孔子本人生活和思想上的变化,他对于他的弟子的教育前、后期也有所不同。大概在早年所收的弟子是以培养他们从事政治活动为主的,晚年所收的弟子是以培养他们做文化学术工作为主的。

孔子曾经粗略地把他的弟子按照不同特长分为四类,并各举了几个代表人物,这就是,德行:颜渊、闵子骞、冉伯牛、仲弓;政治:冉有、子路;口才:宰我、子贡;文学:子游、子夏①。——这有点儿像后来大学分系的光景。

自然,这样分法是不够严格的:德行在孔子看来仍然是政治人才的重要条件;政治也包括军事;口才又包括外交本领;文学也包括比后代更广泛的内容——学术。

至于施教的方法,他的最大特点是着重在启发。孔子根据每

---

① 见《论语·先进》篇,第三章。

个弟子的性格、主要优缺点，而加以相应的及时的教育。子路曾经问孔子："听说一个主张很好，是不是应该马上实行？"孔子说："还有比你更有经验、有阅历的父兄呐，你应该先向他们请教请教再说，哪里能马上就做呢？"可是冉有也同样问过孔子："听说一个主张很好，是不是应该马上实行呢？"孔子却答道："当然应该马上实行。"公西华看见同样问题而答复不同，想不通，便去问孔子，孔子说："冉求遇事畏缩，所以要鼓励他勇敢；仲由遇事轻率，所以要叮嘱他慎重。"①

事实上冉有和子路的主要毛病正在这里。冉有曾告诉过孔子："不是不喜欢你讲的道理，就是实行起来力量够不上呢。"孔子说："力量够不上的，走一半路，歇下来，也还罢了；可是你现在根本没想走！"② 这就是冉有的情形。子路不然，子路是个痛快人，孔子曾说他三言两语就能断明一个案子。有一次，孔子开玩笑地说："我的理想在中国不能实现的话，我只好坐上小船到海外去，大概首先愿意跟着我的准是仲由了。"子路当了真，便欢喜起来。孔子却申斥道："勇敢比我勇敢，可是再也没有什么可取的了！"③ 这就是子路的脾气。孔子对他们说的话，都是对症下药的。

孔子对其他弟子也同样有中肯的批评。颜渊是他最得意的弟子，但因为颜渊太顺从他了，便说道："颜回不是帮助我的，因为

---

① 见《论语·先进》篇，第二十二章。
② 见《论语·雍也》篇，第十二章。
③ 见《论语·公冶长》篇，第七章。

他对我什么话都一律接受！"① 又如孔子是主张全面发展的，如果单方面发展，他认为那就像只限于某一种用处的器具了，所以说："有学问、有修养的人不能像器具一样。"② 可是子贡就有陷于一偏的倾向，所以他就批评子贡说："你只是个器具呵！"子贡问道："什么器具呢？"孔子说："还好，是祭祀时用的器具。"③ 意思是说，从个别的场合看来，子贡是个体面的器具，却没有注意到全面的发展。

孔子注重启发，他善于选择人容易接受的机会给以提醒。他说："如果一个人不发愤求知，我是不开导他的；如果一个人不是到了自己努力钻研、百思不得其解而感觉困难的时候，我也不会引导他更深入一层。譬如一张四方桌在这里，假使我告诉他，桌子的一角是方的，但他一点也不用心，不能悟到那其余的三只角也是方的，我就不会再向他废话了。"④

孔子又往往能使人在原来的想法上更进一步。子贡有一次问道："一般人都喜欢这个人，这个人怎么样？"孔子说："这不够。"子贡又问："那么，一般人都不喜欢这个人呢？"孔子说："也不够。要一切好人都喜欢他，一切坏人都不喜欢他才行。"⑤

孔子对弟子使用的语言往往是含蓄而富有形象的，让人可以

---

① 见《论语·先进》篇，第四章。
② 见《论语·为政》篇，第十二章。
③ 见《论语·公冶长》篇，第四章。
④ 见《论语·述而》篇，第八章。
⑤ 见《论语·子路》篇，第二十四章。

咀嚼,却又很具体。孔子看到有些人虽然不是不可教育,但根本不努力,又有些人却努力而不得其道,因而也没有成就,便对弟子们说:"庄稼是庄稼,可是光有苗头,长不出穗儿来的,有的是;长了穗儿却是个空壳儿,不结米粒儿的,也还是有的是呢!"①

孔子在教导弟子的时候,最反对主观自是。他说要根绝四种东西:一是捕风捉影的猜想;二是把事情看得死死的;三是固执自己片面的看法;四是把主观的"我"看得太大,处处放在第一位②。

孔子也常常以自己虚心的榜样来教育弟子。他曾说:"我不是生来就知道什么的,我不过是喜欢古代人积累下来的经验,很勤恳、很不放松地去追求就是了。"③又说:"三个人一块儿走路,其中就准有我的一位老师。"④还说:"我知道什么?我什么也不知道。有人来问我,我也是空空的。但我一定把人们提的问题弄清楚,我尽我的力量帮他思索。"⑤

一个当惯了教师的人,往往容易摆出一副无所不知的架子,有时甚而不知道的也冒充知道。但作为一个教育家的孔子却一贯虚心,对于求知是抱有严肃、认真的态度的。孔子曾向子路说道:"仲由呵,你知道什么是教育么?知道的就说知道,不知道的就说

---

① 见《论语·子罕》篇,第二十二章。
② 见《论语·子罕》篇,第四章。
③ 见《论语·述而》篇,第二十章。
④ 见《论语·述而》篇,第二十二章。
⑤ 见《论语·子罕》篇,第八章。

不知道，这才是真知道。一个教育者是应该这样的呵。"①

孔子常常以自己的不断求知、积极学习态度来鼓舞弟子。他说："我学习的时候，老怕赶不上，又怕学了又丢掉。"②他又说："十户人家的村子，找我这样忠厚信实人不难，可是找我这样积极学习的，就比较少。"③他时常以不疲倦的学习，以致忘了忧愁、忘了衰老来形容自己。

学习和思考都重要，他说："光是学习，不去思考，就得不到什么；光是思考，不去学习，也是白费精神。"④但孔子更重视学习，他以自己的亲身经验告诉弟子们说："我曾经整天不吃饭，整夜不睡觉，只管想来想去，但是没有什么收获，不如实实在在的学习有益处。"⑤

弟子有在学习上松懈的，他就加以批评。宰我白天睡懒觉，孔子就说："烂木头是不能刻上什么的，烂土墙是不能画上什么的，我对于宰予还有什么办法！"⑥子贡忙着批评别人，而放松自责。孔子便也对他说："端木赐呵，你这么聪明么？我就没有这么些功夫！"⑦

---

① 见《论语·为政》篇，第十七章。
② 见《论语·泰伯》篇，第十七章。
③ 见《论语·公冶长》篇，第二十八章。
④ 见《论语·为政》篇，第十五章。
⑤ 见《论语·卫灵公》篇，第三十一章。
⑥ 见《论语·公冶长》篇，第十章。
⑦ 见《论语·宪问》篇，第二十九章。

孔子最反对人在学习上自满。子路看见古代诗歌上有这么两句:"也不害人,也不求人,走到哪里,也是好人。"便老背这句话,满足了。孔子于是说:"这哪里配称好人呢?"①

在学习中,他很注重温习,也就是把学习到的东西要巩固起来。他说:"学习会了的东西,时常温习一下,不也很有乐趣么?"温习就能熟练,熟练就会有创造,所以他又说:"温习旧的,能产生新的心得,这样就有资格当老师了。"②

孔子对弟子的教育,是结合实际生活来进行的。像对于父母要尊敬,想到父母爱护子女就要注意自己健康;像与人相处要融洽,但不要迁就;像对一般人都要友爱,但更要接近好人;像做事要勤快,说话要谦虚谨慎,逢见比自己高明的人要老老实实请教等。

有一次,子路问孔子人死了以后怎样,孔子说:"活着的问题还没解决,管死了以后做什么?"子路又问:"该怎样对待鬼神?"孔子说:"对待人还没对待好呢,谈什么对待鬼神!"③孔子就是这样看重实际问题,而不喜欢空论的。孔子也很少谈怪异、武力、变乱、鬼神。④在做人道理方面,如果提得太高而不切实,孔子也是不许可的。子贡曾说:"我不愿意别人对待我的,我也不要照样

---

① 见《论语·子罕》篇,第二十七章。
② 见《论语·为政》篇,第十一章。
③ 见《论语·先进》篇,第十二章。
④ 见《论语·述而》篇,第二十一章。

对待别人。"孔子便说:"赐呵,这不是你现在能做到的!"①

孔子也经常通过对历史人物的批评对弟子进行教育。例如有一次子路问起管仲在齐国的内战中没有为自己所拥戴的公子纠死节,是不是还可以称为好人呢?孔子说:"齐桓公能够多次会合诸侯,不靠武力,使天下有统一的希望,这就是管仲的功劳,这还不算好人么?这还不算好人么?"②又有一次,子贡也问起同样问题,孔子也说:"管仲帮助齐桓公,使他成为诸侯的领袖,使天下有统一的希望,人们到如今还受他的好处,如果不是管仲的话,我们早要被外族征服了,连服装都改了呢。我们要求管仲的,难道只像对一个普通的男人、女人那样死节,在河边上上了吊,无声无息,什么功劳也没有,才算好么?"③在评价管仲的话里,表现了孔子政治上的大一统主张和重民轻君的思想。

不过,在阶级社会里,孔子的思想不能不受到一定的限制。就是在教育方面,他虽然讲究踏实,但反对劳动教育。其实孔子从小比较穷苦,搞生产是有一手的,弟子们也是知道的。可是有一回,樊迟想跟孔子学种田,孔子就板起脸说:"我不如老农夫!"樊迟又想跟孔子学种菜蔬,孔子说:"我不如老种菜的!"樊迟退出后,孔子还跟别的弟子说:"樊迟真下贱呵,想学这个!"④

尽管如此,孔子的教育方法还是有很多可取的特点,这就是:

---

① 见《论语·公冶长》篇,第十二章。
② 见《论语·宪问》篇,第十六章。
③ 见《论语·宪问》篇,第十七章。
④ 见《论语·子路》篇,第四章。

因材施教，注重启发，以身作则，踏实虚心。所以他的弟子颜渊曾这样地称叹："咳，往上看吧，越看越高；往里钻吧，越钻越有东西。瞧着在前头呢，忽然又转到后头了。老师是一步一步地善于诱导呵。给我最广泛的东西，又给我最扼要的东西，让我想要停下也不能够。我费心竭力地跟着他跑，仿佛刚要赶上了，但是他又跑到前头了，总是赶不上。"①

---

① 见《论语·子罕》篇，第十一章。

二十六　编写《春秋》

孔子不但经常通过对历史人物的批评对弟子进行教育,而且他本人也是中国最早的历史学者之一。

他对历史,特别是文化史,有极浓的兴趣,他根据鲁国的史书,也参考了各国的史书,着手编写历史著作——《春秋》,《春秋》本来也是各国旧史书的名称。

他曾说:"我不会创作,我只是转述;我喜欢古代的东西,并且愿意做解释的工作。"① 这是谦虚,但也是真话。

他有一个历史学者所具有的尊重史料和选择史料的习惯。他说:"有些人他什么也不知道就去动笔创作,我不是这样子的。多打听打听,选择那最好的;多见识见识,记住那最重要的。不必忙着叫人认为像知道一切的样子!"②

有一次,孔子对弟子们说:"历史上残缺的文字,我从前还见到过。现在这种残缺的文字简直看不到了。"③ 这就是孔子留心史文的实例。

---

① 见《论语·述而》篇,第一章。
② 见《论语·述而》篇,第二十八章。
③ 见《论语·卫灵公》篇,第二十六章。

历史文献不足，在孔子当时已经成为问题了。孔子说："夏代的礼制，我是能讲一讲的，但是杞国（夏代后人所建）所保存的文献太少，已经没法加以考证了；殷代的礼制，我是能讲一讲的，但是宋国（殷代后人所建）所保存的文献太少，已经没法加以考证了；如果文献充分，我是能够考证出结果来的。"①

当然，孔子当代（周）的文献是很丰富的，所以孔子说："周代文化承继夏殷二代，于是更完备更灿烂了！我赞成周代。"② 这也就是孔子长期间想做第二个周公的缘故，因为在孔子看来，周公正是周代文化的奠基人。

孔子也企图寻找历史的规律性。他的弟子子张有一次问道："十辈以后的事可以知道么？"孔子说："殷代的文化是承继夏代来的，不过有些增减；周代的文化是承继殷代来的，不过有些增减。那么，依此类推，就是百辈以后也可以约略估计了。"③ 当然，孔子还不能够知道科学的社会发展规律，然而从孔子的话看来，他是认为历史发展是有规律可循的，而且是可以预见的，这是无疑的。

也就因为如此，孔子便很自信地认为业已获得一套政治建设、文化建设蓝图，并认为这套蓝图是有历史根据的。所以他说："齐国如果变革很好，可以达到鲁国所已达到的程度；鲁国如果再变

---

① 见《论语·八佾》篇，第九章。郑注："献犹贤也"，文献是文章贤才的意思。但我认为这里仍应把文献当作普通所谓文献讲。
② 见《论语·八佾》篇，第十四章。
③ 见《论语·为政》篇，第二十三章。

革得好，就可以达到近乎理想的程度了。"① 这就是他仆仆风尘，奔走各国，希望实现自己理想的缘故之一。

自然，事实上当时的现实是并没有实现他的理想的条件的。因此，孔子便只有把他的理想贯注到他所编写的《春秋》中去，企图通过历史事实的编述，具体地表现他的主张。

春秋时代，社会开始剧烈变动，阶级关系、社会秩序以及一切有关事物都表现出新与旧的斗争和矛盾发展。在新的没能代替旧的之前，社会状况、政治状况必然显得异常混乱。孔子是要求社会安定、政治上大一统的，这本是符合历史发展的要求的，但是由于时代的限制，孔子还想不出适合走往大一统的新的形式，反而要在旧秩序之下实现大一统，这又是开倒车了。他认为国君要是真像个国君，臣子要是真像个臣子，以及一切有身份的家庭父子之间，都能各按名分，依礼相处，好像天下就容易太平了。在他早年对齐景公的谈话中以及当他在卫国对子路发挥"正名"论的时候，就表现了这一种政治伦理思想。这种思想，使孔子白白地奔走了一辈子。到了晚年，他虽然知道终于不能实现自己的主张了，但是他还要在《春秋》中做起文章来。

这样，他所编写的《春秋》就不尽是客观的事实记录了，而是有主观看法的。记载一件事情，往往不是写的事情本身怎样，而是写他认为事情应当怎样。例如，孔子认为当时的吴、楚两国还不是文明的国家，所以它们的国王虽然自称为王，孔子在书里却不把他们称作王；又如晋国曾把周天子叫了去，孔子认为如果照

---

① 见《论语·雍也》篇，二十四章。

写，便损害周天子的尊严，于是只写作周天子到某地去打猎①。这就是所谓《春秋》的名分大义，这就是后代的统治者为什么十分看重《春秋》的道理，这也就是《春秋》还不足称为一部严格意义的史书的缘故。

然而尽管如此，《春秋》还是有着值得称道的特点，是我国文化遗产中一部具有历史意义的作品。

因为，《春秋》是中国保存下来最早的，也是世界上最早的一部编年史。它具有鲜明的时间观念，记载历史事件、天文现象（如日食、月食）发生的年、月、日，都很精确。它的另一个特点是神话色彩很淡，主要是写人的历史，这在二千多年前是难能可贵的。《春秋》中虽然有着不少孔子的主观企图，但他是以极其严肃认真的态度来编写的。孔子在其他方面的文字工作，每每听从别人修改，并不坚持己见。独独在《春秋》上，他要写就写，要删就删，千锤百炼，一字不苟，连擅长文学的弟子子游、子夏也不能参加什么意见，甚至不能动一字②。他重视到如此地步，曾说："后代人知道我孔丘的，将因为这部《春秋》；后代人责骂我孔丘的，也将因为这部《春秋》。"③可见孔子简直把《春秋》当作他的第二生命了。

这部《春秋》，是孔子重新回到鲁国以后，在有限的岁月里完成的。

---

① 见《史记·孔子世家》、《左传》僖公二十八年。
② 见《史记·孔子世家》。
③ 见《孟子·滕文公》下，第九章。

二十七　整理诗歌和音乐

孔子对于音乐是有很深的情感的,我们从他在齐国因为听到《韶》乐而有三个月不知道肉味儿这件事里已可看出了。

孔子对音乐下过很大的工夫,同时,也像他在其他方面的学习一样,是虚心而踏实的。他跟鲁国音乐专家师襄子学琴的故事,就是一个具体例子。在他学了一些日子后,师襄子说:"可以学新的了。"

孔子说:"不行,我只学得曲子,拍子还不准确呢。"

过了些时候,师襄子说:"拍子行了,可以学新的了。"

孔子说:"不行,我还没把握其中的主题呢。"

又过了些时候,师襄子说:"主题已经把握了,可以学新的了。"

孔子说:"还不行,我还没有深刻地理解作者呢。"

再过了些时候,孔子才说:"我现在摸索出来了,这是一个有深邃的思想的人,这是一个很乐观而眼光又很远大的人,这是一个好像抱有统一全国的志愿的人。难道这是周文王么?不是他,谁还能作这样的歌曲呢?"

师襄子不得不佩服了,恭恭敬敬地挺起身来说:"我们老师正是说这些乐章相传是周文王作的呢。"①

后来孔子向师襄子形容他所理解的当时乐章的情形时说："现在的乐章大概是这个样子：刚奏乐的时候，很缓慢和平；到了乐章的主要部分，就各种乐器齐奏，很谐和，而音节明晰；最后，像抽丝一样，慢慢停下了，这就是终止。"②他说得这样具体，使我们在二千多年以后还能够想象那时乐章是怎样组成的。

歌唱已是孔子日常生活中不可缺少的一部分。除非这一天有出门吊丧等哀戚的事，他才停止歌唱③。他又每每喜欢听别人歌唱，如果唱得好，他就叫人再来一遍，他自己也跟着来一遍。④

孔子对音乐是十分精通的。他曾批评舜的《韶》乐是尽美尽善的，而周武王的《武》乐却只可以说是尽美，还不是尽善⑤。原因是，前者不只好听，而且表现和平思想；后者虽好听，但有些鼓动战争的气息。孔子是反对战争而赞美和平的。这说明孔子对艺术的批评是技巧与内容兼顾的。

在中国古代第一部诗歌总集——《诗经》中的第一首诗歌是《关雎》，歌的大意是：

---

① 见《孔子家语·辨乐》篇，《韩诗外传》五。《史记·孔子世家》叙此事于孔子在卫时，但据高诱《淮南子·主术训》注，师襄鲁乐太师，所以应系返鲁后或壮年时事。

② 见《论语·八佾》篇，第二十三章。郑注："始作谓金奏时，闻金作，人皆翕如变动之貌。"我觉得这样和"翕如"的意思不太符合，此间以我从前听自祭孔时的音乐印象，意译如此。

③ 见《论语·述而》篇，第十章。

④ 见《论语·述而》篇，第三十二章。

⑤ 见《论语·八佾》篇，第二十五章。

关关叫着的双鸠鸟，
停留在河里小洲上，
苗条善良的小姑娘，[①]
正是人家的好对象。

水里的荇叶像飘带，
左边摇来右边摆，
苗条善良的小姑娘，
睡里梦里叫人爱。

这样的姑娘求不到，
起来躺下睡不着，
黑夜怎么这么长？
翻来覆去到天亮。

水里荇菜不齐整，
左边揪来右边揪，
苗条善良的小姑娘，
弹琴鼓瑟的好朋友。

水里荇菜长又短，

---

① "窈窕"，就声音说，就是"苗条"。

左边选了右边选,①
苗条善良的小姑娘,
钟鼓迎来好喜欢!

　　这是一首民歌,这是孔子很喜欢的一首民歌。古代诗歌和音乐是结合着的,就音乐说,孔子曾这样称赞它:"从音乐家师挚所奏的序曲到配合《关雎》这个歌词的最后乐章,听起来井然有条,叫人觉得圆满充实,真舒服极了!"②就这首民歌的内容说,孔子又这样称赞它:"《关雎》表现愉快的情绪,但不是淫荡;《关雎》也表现悲哀的情绪,但不是颓丧。"③这是季札的见解的发挥,同时也代表孔子自己对艺术的要求:适度而不是过分,健康而不是病态。

　　孔子曾经借用《诗经》中《鲁颂·駉》这一篇中的一句话来概括整部《诗经》,他说:"三百多篇诗歌,归结一句话:'思想不要下流。'"④这可以看出孔子特别重视文艺作品的思想内容,也十分理解文艺作品的教育作用。当然,孔子所要求的思想内容和教育作用是为贵族阶级服务的,这是有着时代限制和阶级限制的。

　　孔子把诗歌当作对弟子进行教育的重要项目之一,在这种场合,孔子便从更广阔的方面来估计诗歌的价值了,所以他说:"年轻的人为什么不多学习些诗歌?诗歌给人鼓舞,给人借鉴,教导

---

① 陈奂《毛诗传疏》:"芼者之假借字,《说文》'苃,择也'。"
② 见《论语·泰伯》篇,第十五章。
③ 见《论语·八佾》篇,第二十章。
④ 见《论语·为政》篇,第二章。

人如何融洽地相处，教导人如何刺讽不良的政治，教导人在家庭里如何对待父母，教导人在朝廷里如何对待国君，而且学习诗歌，可以多认识一些花草、树木、飞禽、走兽的名字呢。"①

根据当时的外交习惯，一些流行的诗歌是常常被应用在国际交涉上的，交涉双方往往借现成的诗歌来巧妙地表达自己的意图，而应付的人也必须更巧妙、更敏捷地借现成的诗歌来对答，这样才算不失体面。孔子因为自己的弟子可能担任外交工作，便也鼓励他们学诗歌。他曾提醒他们说："三百多篇诗歌，就是都背得了，可是如果让你当使者到各国去，别人提出来，你却答不上，那么再背多了又有什么用处呢！"②

对于自己的孩子孔鲤，孔子也着重地叫他学习诗歌。孔子曾问他："《诗经》中《周南》《召南》这两部分你学了么？不学《周南》《召南》，可就像一个面向墙根儿迈不动步的大傻瓜呵！"③

和孔子在进行其他方面的教育时所采取的启发方法一样，孔子在诗歌的学习上也鼓励弟子们举一反三。有一天，子夏问道："有一首诗歌上说：

笑起来有两个酒窝呵，
动人的眼睛有黑又有白，
素净的底子呵，

---

① 见《论语·阳货》篇，第九章。
② 见《论语·子路》篇，第五章。
③ 见《论语·阳货》篇，第十章。

才可以画出好看的画儿来。

这怎么讲?"孔子说:"先有好底子,才能有好装饰。"子夏听了便道:"那么,应该先有真感情,然后才可以讲礼节吧?"孔子于是叫着他的名字说:"商(子夏姓卜名商)呵,你给了我启发。你有资格谈诗了。"①

又有一次,子贡问道:"贫穷了也不谄媚人,富贵了也不向人骄傲,好不好?"孔子说:"这样自然可以。但是还不如就是贫穷也仍然钻研学问,就是富贵也仍然讲究礼节。"子贡说:"有一首诗歌上说:

如切如磋,
如琢如磨。

老师对我的教育,就像琢磨玉石似的,使我的认识更进一步了。"孔子也叫着他的名字说:"赐呵,你有资格谈诗了!因为,告诉你这样,你就会悟到那样。"②

孔子自己读诗,也用这种方法:通过想象力,在诗里悟出一些道理。例如一首诗上说:

小桃白花儿呵,
开开又合上,

---

① 见《论语·八佾》篇,第八章。
② 见《论语·学而》篇,第十五章。

我不是不想你呵,
只因家远路又长。

孔子便道:"其实不曾真的想念呵,真的想念,还管远不远么?"于是进一步便想到,如果一个人在学习上肯思考,就一定可以得到要学习的东西。更进一步又想到,在人思考的深度上,以及在学习与应用之间的联系上,都有不同的情况,他说:"大家在一块儿学习了,但未必都在同样程度上理解道理;就是在同样程度上理解道理了,但未必都有自己的见解;纵然都有自己的见解了,但未必都能在不同的场合运用那些道理。"①

诗歌、音乐,加上礼节,是孔子教育内容的三个不可分割的组成部分。孔子在提到一个人应该受完全的教育时说:"先从诗歌的教育鼓舞起人善良的倾向,再在礼数上加以约束,最后完成在音乐的陶冶里。"②当然,孔子对弟子的教育,除了这三个组成部分之外,也还有政治教育、历史教育,等等,然而孔子无疑是拿这三种教育当做人格培养的主要手段的。

在礼乐的教育上,孔子注重精神实质。他曾说:"人如果不懂得做人的道理,礼有什么用呢?人如果不懂得做人的道理,乐有什么用呢?"③他又曾说:"我们讲礼,难道只是指佩带什么,送人什么东西么?我们讲音乐,难道只是指怎样撞钟敲鼓么?"④

---

① 见《论语·子罕》篇,第三十一章。唐棣即小桃白,据郝懿行《尔雅义疏》。
② 见《论语·泰伯》篇,第八章。
③ 见《论语·八佾》篇,第三章。
④ 见《论语·阳货》篇,第十一章。

孔子为了郑重地进行诗歌礼节的教育，为了给人正确的概念，在他讲诗讲礼的时候，是和他正式讲解其他书一样，使用着当时的标准语言。——否则他就说土话了。①

当然，我们不能忘记孔子是很重视政治生活的人，因此他对诗歌音乐的重视也就不能不和政治生活联系起来。

在等级制的社会里，音乐的演奏也反映贵贱等级的秩序，在当时被认为有严重的政治意义在内。鲁国的贵族季氏用了六十四人的歌舞，孔子认为这是破坏当时的等级制度的，因为只有周天子才可以用这样多的人的乐队，鲁国的国君由于得到周天子的特别允许才也用这样的乐队，而季氏贵族是不够资格的。孔子曾认为这事是不可容忍的。还有，当孔子看到鲁国其他两家贵族也在宗庙里演奏《诗经》中《周颂·雍》篇的时候，便也表示过同样的愤慨。②

受了孔子教育的子游，当他在武城当地方官的时候，就实行了孔子把音乐作为政治建设的组成部分的理想。孔子游历到武城，听见琴声和歌声，就笑了，说："宰只鸡罢咧，使出宰牛的力气来了！"子游答道："这是我实行老师的主张呵。"孔子望着跟从的弟子说："对呀，偃（子游姓言名偃）说得对。我刚才是和他开玩笑呢。"③

深知艺术对于人类的教育有巨大效果的孔子曾这样说："做一

---

① 见《论语·述而》篇，第十八章。
② 见《论语·八佾》篇，第一章、第二章。
③ 见《论语·阳货》篇，第四章。

件事,知道非做不可才去做,不如愿意去做的好,更不如做起来觉得有一种乐趣的好。"①所以做事一定要培养对事的感情,艺术的感染也是一种培养的途径,这就是孔子为什么重视诗歌和音乐的理由。

孔子本人也是深受文学艺术的教育的好处的。我们看,孔子的语言很富有形象性和暗示性,换句话说,就像诗一样。孔子的精神就是很乐观、很积极,像健康的音乐一样;他自己身上体现了他所指出的文学艺术所应起的良好作用。

孔子既把诗歌音乐和教育联系起来,既把诗歌、音乐和政治联系起来,而且把它当作了具有极其重大意义的组成部分,于是孔子在从卫国回到鲁国的晚年,就把整理当时流行的诗歌和音乐当做了首要的工作。他曾得意地说:"我从卫国回到鲁国以后,诗歌的乐谱才入了正轨,错乱的歌词才就了序。"②他这一工作是规模宏大的,几乎触及当时全部流行的歌词和乐谱。正是主要靠了他的整理、提倡、保存,那部辉煌的古代诗歌总集——《诗经》——才广泛流传起来。

通过自己对诗歌和音乐的辛勤的钻研,深切地理解到它的作用,发挥到教育上,提高到政治上,并且自己做出了成绩,给后代保存了一些有价值的东西,也给了后代许多珍贵的启示:这就是孔子在文学史、艺术史上的贡献。

---

① 见《论语·雍也》篇,第二十章。
② 见《论语·子罕》篇,第十五章。

二十八　弟子颜渊和子路的死

孔子这时已经是七十岁左右的老人了。像孔子那样享着高年的人，自然会见到一些比他年轻一些的人的死亡。这在老年人说来，是会分外地觉得感伤的。

在他六十九岁上，他的唯一的儿子孔鲤死了。孔鲤死时已五十岁。——孔鲤有一个儿子叫孔伋，号子思，子思后来也是著名的学者。

老年丧子，终是伤心的事。但更不幸的是，过了两年，在孔子七十一岁的时候，不愉快的事接二连三而来。先是这一年的春天，有人在鲁国西郊打猎，打了一只像麒麟一般的动物。麒麟在传说中是一种仁慈的兽，它一出现，向来认为天下要太平的，但现在被打死了，孔子觉得这就不是好兆头。孔子于是哭了。[①] 不久，孔子又眼见他最得意的弟子颜渊死去。

孔子是非常器重颜渊的。颜渊生活很穷困，但是并不因为穷困而放松了自己的学习。孔子曾说："颜回（颜渊名回）太好了！吃的是粗饭，喝的是清水，住在又窄又小的巷子里，要在别人就

---

① 见《公羊传》哀公十四年。

愁死了,但是颜回还是照常快乐。颜回太好了!"①

孔子又曾说:"告诉一个人如何学习,听了从来也不懈怠的,大概只有颜回了。"②

颜渊不止学得孔子乐观、积极、勤奋不息的精神,而且也学得了孔子的谦虚。他原是很聪明的人,孔子曾问子贡说:"假如你和颜回比,你觉得谁聪明?"子贡说:"我怎么敢比他?颜回听到一桩,就能悟到十桩,我顶多听到一桩,悟到两桩。"孔子说:"对了,你赶不上他。我和你都赶不上他!"③子贡就算聪明了,还赶不上,连孔子也承认赶不上。但是颜渊平常虚心到像傻子一样。孔子说:"我和颜回谈一天,他也不反驳,就像笨得要命。可是我事后自己想想,他也给了我些启发,他不笨呵。"④

孔子是有政治热情的人,但却并不怎么迷恋功名富贵。颜渊也是这样的。在一般人看来,颜渊是有宰相之才的,可是他并不急于做官。所以孔子曾对颜渊说:"有机会就实现理想,没机会也能安心,只有我和你可以做到。"⑤

总之,颜渊就是一个小孔子。这样的一个弟子死了,孔子当然要痛哭。当他刚听到这个消息的时候,就说:"老天要了我的命了,老天要了我的命了!"⑥

---

① 见《论语·雍也》篇,第十一章。
② 见《论语·子罕》篇,第二十章。
③ 见《论语·公冶长》篇,第九章。
④ 见《论语·为政》篇,第九章。
⑤ 见《论语·述而》篇,第十一章。
⑥ 见《论语·先进》篇,第九章。

孔子哭得是如此哀恸,连自己是在哀恸中也不觉得了。别人说:"你太哀恸了!"他说:"哀恸么?我竟忘了自己了。这个人死了再不哀恸,还哀恸谁呢?"①

颜渊的父亲颜路,自然也是悲伤的。他想给颜渊葬得好一点,想买一副套棺,可是买不起。就去请求孔子,把孔子的车子卖了,去换一副套棺。这是使孔子为难的事情。孔子只好率直地告诉他:"不管成材料儿不成材料儿吧,咱们是各人说各人的孩子呵。鲤儿死的时候,也是只有一层棺。没法子!我不能出门不坐车。因为我有时还和朝中做官的来往,我不能跟着他们步行呵。"② 说得两个老人都伤心起来了。

孔子的弟子们也想厚葬颜渊。可是孔子觉得哀悼也不应表现在这上头,太过分了是不适宜的,就说:"不行!"但是弟子们终于厚葬了颜渊。孔子说:"颜回待我像父亲,可是我没能待他像儿子。这是弟子们干的呵,我也做不了主了。"③

这一年——公元前四八一年的夏天,齐国发生了政变。逃亡到齐国的陈国贵族陈氏(在齐改姓田氏),在齐国掌握政权已有八代,这时更把齐国国君齐简公杀了。到战国时期(公元前四〇三至前二二一年),田氏就篡夺了齐国政权。齐国这次政变是韩赵魏三家分晋的先声。在某种意义上说,齐国政变可算是战国时代的序幕。不过在孔子当时,他还看不出其中的历史意义,

---

① 见《论语·先进》篇,第十章。
② 见《论语·先进》篇,第八章。
③ 见《论语·先进》篇,第十一章。

只能感到这是大变动，很不以为然。

七十一岁高龄的孔子着了急，他最后一次表现对政治形势的关切。他郑重地去告诉鲁哀公说："陈氏把齐君杀了，请出兵讨伐！"可是鲁哀公是怕事的，而且鲁国的政权实际上又掌握在三家贵族手里，鲁哀公便推给三家贵族，说："问他们好了。"孔子说："因为我从前参与过政治，所以不敢不来告诉；您却要我去问他们，我就只好问他们了。"孔子就又去告诉了三家贵族，但这三家贵族在鲁国的情形原和齐国的陈氏差不多，当然不会过问这种事。孔子碰了钉子。[1] 在齐国这一次政变中，孔子的弟子宰我牺牲在齐国。[2]

第二年孔子又遇上了一件不幸的事，这就是他最亲密的弟子子路也死了。而且子路死得很惨。

原来子路是有勇而无谋的。孔子曾经不止一次地告诫过他。有一次，子路问孔子："如果你率领三军的话，要带谁去呢？"因为子路以勇敢出名，他以为孔子一定说要带他。可是孔子说："我绝不带赤手空拳就和老虎打一通的人，我也绝不带莽莽撞撞一点准备也没有就要过河的人。我要的是遇到战事能谨慎戒惧、善于策划而能成功的人。"[3] 孔子还认为子路性子太直了，太好强了，平常就觉得他不会善终似的。[4]

---

[1] 见《论语·宪问》篇，第二十一章。

[2] 见《史记·仲尼弟子列传》。但有不相信此事的；兹依梁玉绳、全祖望、宋于庭诸人说，认《史记》所记为是。

[3] 见《论语·述而》篇，第十一章。

[4] 见《论语·先进》篇，第十三章。

子路对孔子的事业最热心，虽然因为心直口快，常常受孔子的申斥，但与孔子的感情始终很好。有一次，子路的好意又给孔子顶了回去。事情是这样：有一回，孔子病得很重，子路为了让孔子高兴，就叫其他弟子当做孔子的家臣，摆一摆场面，仿佛孔子还在做官似的，其实这时孔子已经退休了。这被孔子发觉了，很生气，说："很久以来仲由就这样会做假了！没有家臣，装作有家臣，骗谁？骗老天么？而且我也不一定死在家臣手里就好呵。我与其死在家臣手里，何如死在弟子手里呢？我纵然得不到政府的厚葬，难道还怕死在路上没人掩埋吗？"①

虽然子路常常挨孔子的骂，然而因为子路是个直爽的人，孔子对他也就最容易说出真心话，同时子路也有不少长处，像正直，勇敢，听了就做，说得出就做得出，没有任何犹豫，而且如果别人指出他的毛病就高兴等②，因此孔子对他仍是十分爱惜的。

子路是死在卫国的。原来卫出公立了十二年以后，他父亲蒯聩又来夺取王位。这时子路在卫国的一个贵族孔悝那里做官。孔悝是蒯聩的外甥。孔悝并不赞成蒯聩。可是孔悝的母亲，即蒯聩的姐姐，却欢迎蒯聩，原因是她在孔悝的父亲死后，爱上一个仆人叫浑良夫的，蒯聩支持她这一段爱情，并允许她改嫁。结果，孔悝的母亲和浑良夫当了蒯聩的内应。

蒯聩潜回卫国，住在孔悝的菜园里。孔悝的母亲就帮同蒯聩来强迫孔悝也参加政变。他们是那样匆忙，要歃血为盟了，连牛

---

① 见《论语·子罕》篇，第十二章。

② 见《孟子·公孙丑》上，第八章。

也来不及找，就抬了一头猪来。孔悝的母亲拿着戈，蒯聩带着五个武士，就把孔悝从厕所里寻了出来，胁迫他登上了立盟约的土台子。

孔悝的家臣栾宁这时正在烤肉吃酒，也没等肉烤熟，就赶快派人去告诉子路。栾宁又急忙找了一辆车，一路上吃着烤肉，护送着卫出公逃往鲁国去了。

子路听到信息，就赶了来，要进城。恰巧孔子另一个也在卫国做官的弟子子羔从城里出来。子羔说："城门已经关了。"子路说："我是赶来的呢。"子羔劝他离开。他说："吃人家的饭，在人家出了事情的时候不该怕出头。"子路瞅了一个使者出城的空，进了城。

他主要是想救出孔悝。他对蒯聩说："何必一定扣住孔悝呢？就是杀了他，也还会有别人来继续反对你的。"但蒯聩没有听。子路料到蒯聩胆小，便准备在土台子下放起火来，以为蒯聩怕火，会释放孔悝。

蒯聩果然怕火，但没有放出孔悝，倒派了两员勇将下来和子路战斗起来。子路受了重伤，帽缨也断了。子路说："好汉临死的时候，帽子还是要戴正的。"他在把帽缨结好的时候，断了气；身体被剁成了肉酱。蒯聩终于取得了卫国的王位，这就是卫庄公。

孔子一听说卫国发生政变，就感到不安，说："高柴（子羔名高柴）还可以安全回来，仲由一定牺牲了。"[①] 不久果然凶信到了，孔子就在院子里哭起来。这时有来吊唁的，孔子立刻还了礼。孔

---

① 见《左传》哀公十五年。

子哭完了,才又问起子路怎么死的,送信的人说:"成了酱了!"孔子便赶快叫人把屋子里吃的酱盖起来,为的是怕看了心里难受。①

颜渊和子路的死,对于孔子都是沉重的打击。一个是最好的弟子,一个是最亲的弟子,共过若干患难,相处过三四十年,现在都离开他了。

---

① 见《礼记·檀弓》上,第七章。

二十九　孔子最后的歌声

孔子这时的生活露出了凄凉的晚景。现在只有子贡、子夏、曾子等这班年轻的弟子陪伴着他了。

一天，他对子贡说："没有人了解我呀！"子贡说："怎么说没有人了解你呢？"孔子说："我也不抱怨天，我也不怪什么人。我一生刻苦学习，有了现在这样的成就，只有天知道罢了。"①

又一天，他又对子贡说："我不再想说话了。"子贡说："你如果不说话，我们拿什么作为准绳呢？"孔子说："天说什么来么？还不是一样有春夏秋冬，有万物生长么？天说什么来么？"②

子贡知道孔子的心情不同往日了。

现在到了孔子生命最后的一年了。

这时是公元前四七九年，鲁哀公十六年。在这年的春天，孔子病了。

一天清早，子贡来看孔子。孔子已经起身，正背着手，手里拿着拐杖，在门口站着，像是等待什么的样子。孔子一见子贡来

---

① 见《论语·宪问》篇，第三十五章。
② 见《论语·阳货》篇，第十九章。

了,就说道:"赐呵,你为什么来得这么晚呢?"于是子贡听见孔子唱了这样的歌:

> 泰山要倒了,
> 梁柱要断了,
> 哲人要像草木那样,
> 枯了烂了!

这是孔子最后的歌声,"哲人"是孔子最后对自己的形容。孔子唱着唱着就流下泪来。子贡感到孔子已经病重了。

子贡赶快扶他进去。这时又听见孔子说:"夏代人的棺材是停在东阶上的,周代人的棺材是停在西阶上的,殷代人的棺材是停在两个柱子中间的。我昨夜得了一梦,是坐在两柱间,受人祭奠呢。我祖上是殷人呵。我大概活不久了。"

孔子从这天起病倒在床上,再也没起来。经过七天,孔子在弟子们的悲痛中离开了他们。①

鲁哀公亲自为孔子作了祭文,那祭文上说:"上天不仁呵,连个老成人也不给留下。剩下我一人在位,孤孤零零,担着罪过。咳!尼父(指孔子)呵,我今后向谁请教呵!"②

孔子死的时候是七十三岁。他的遗体葬在现在山东曲阜城北

---

① 见《礼记·檀弓》上,第四十四章。
② 见《礼记·檀弓》上,第一百零七章;《左传》哀公十六年。

泗川旁边，就是被称为"孔林"的地方。

孔子死后，他的弟子像失掉了父亲一样的哀痛，有很多人在他坟上搭棚，住了三年。过了三年，在分别的时候，大家又都哭了。子贡还不忍离开，又住了三年。

此后，弟子们还是常常思念孔子。他们觉得他们之中的有若很像孔子，便想拿有若当孔子来侍奉。子夏、子游、子张都赞成这样做；但是曾子提出不同意见。曾子说："这不成。我们谁能比老师呢？老师就像江水洗过、太阳晒过那样的洁白光明，谁也比不上呵！"①

孔子死后，弟子们常常清晰地回忆起孔子日常为人的态度。孔子是非常富有同情心的。他本来每天唱歌，但是逢到这一天有吊丧的事，他就停止了歌唱。他见到穿孝服的，见到盲人，就是年轻的，见了也一定站起来，路上碰到也是赶快迎上前去。而且即使是很亲昵的朋友，如果有了丧事，也一定表示严肃的哀悼；即使是日常可以开玩笑的，假若是穿上丧服或者眼瞎了，那就一定对他们保持礼貌。②

有一次，一个瞎了眼的音乐师叫冕的来见孔子。他走到台阶，孔子就告诉他："是台阶。"他走到屋子里席子上，就告诉他："是席子。"等他坐下了，又介绍给他屋里的人："某某坐在这里，某某坐在那里。"等他走了，弟子子张便问道："这样不太琐碎么？"孔

---

① 见《孟子·滕文公》上，第四章。
② 见《论语·子罕》篇，第十章；《乡党》篇，第十九章。

子说:"接待盲人,是应该这样子的。"①

有一次,马棚失火。孔子首先问:"伤了人没有?"不问伤不伤马。②

孔子的弟子公冶长不幸被捕入狱,孔子发觉不是他的过错,不但丝毫没有看不起他的意思,而且把自己女儿嫁给了他。③孔子对于人的同情和关怀就是如此。

孔子也很爱动物。孔子养的一条狗死了,便叫子贡去埋起来,并告诉他说:"我听说,破帐子别扔,好埋马;破车盖儿别扔,好埋狗。我穷得连车盖儿也没有,你拿我的破席子去把狗盖了吧,别叫它的脑袋露着呢。"④

孔子对于老朋友,每每一直保持着友情。就是和自己作风不同的,也不肯轻易绝交。他有一位老朋友叫原壤,原壤是随随便便的人,孔子曾挖苦他说:"年轻时就不规矩,长大了也没有出息,你这老不死的,真是一个贼呀!"说着便用拐杖照他的小腿敲了几下。⑤

可是原壤死了母亲,孔子还是帮助他收拾棺材。原壤却疯疯癫癫似的跳在棺材上,打着棺材板儿,冲着孔子笑嘻嘻地唱起来。

---

① 见《论语·卫灵公》篇,第四十二章。
② 见《论语·乡党》篇,第十七章。
③ 见《论语·公冶长》篇,第一章。
④ 见《礼记·檀弓》下,第六十五章。
⑤ 见《论语·宪问》篇,第四十三章。

孔子像没有听见一样，不理他。跟随孔子的弟子却忍不住了，说："这样的朋友，还不该绝交么？"

孔子微笑着说："不是说，原是亲近的还应该亲近，本来是老朋友的也还是老朋友么？"①

孔子给人的印象是谦和的，但是他对于认为该做的事，又是坚决地去做的。他曾说："看见应该做的事不去做，就是没有勇气。"② 又说："对于应该做的事，就不用客气，就是老师，也要和他比赛比赛。"③ 他还说："早上明白了真理，就是晚上死了也值得！"④

他说过的那句话："到寒冬，人们才知松树和柏树是不易凋零的。"⑤ 可以看作是他晚年的自赞。他又说："我到了七十岁上，才做到无拘无束，可是一举一动，也都离不了谱儿。"⑥ 可以看出他是无时不在努力，年年有进境的。

这些片段印象，常常泛上了弟子们的记忆，也就被记录了下来。

和弟子们对于孔子的崇敬相反，鲁国的贵族还是像从前一样毁谤孔子。子贡说："没有用呵。孔子是毁不掉的。这能对孔子有

---

① 见《礼记·檀弓》下，第六十九章。
② 见《论语·为政》篇，第二十四章。
③ 见《论语·卫灵公》篇，第三十六章。
④ 见《论语·里仁》篇，第八章。
⑤ 见《论语·子罕》篇，第二十八章。
⑥ 见《论语·为政》篇，第四章。

什么损害呢？这只是表明他们自己太不量力罢了。"①

从事教育四十年以上的孔子，就在弟子心目中留下了这样深刻而难忘的影子。

    1954年8月1日至8月21日写毕，8月30日修改一过。
    1955年9月16日至9月28日，重改誊抄一过。
    1956年1月27日，改定。同年5月22日，再改定。

---

① 见《论语·子张》篇，第二十四章。

后　记

孔子是一个重要的历史人物，所以我们要讲他的故事。

我们讲孔子的故事，主要是想使大家看一看孔子在当时是怎样生活着的，以及当时的人（各式各样的人）是怎样看待孔子的。我们也指出了孔子的一些进步性，但是正如嵇文甫同志所说："承认孔子有一定的进步性，并不是要提倡尊孔读经。"[①]

对于孔子，要不要加以评价呢？当然要。这笔账总要算，应该算。毛主席教导我们说："今天的中国是历史的中国的一个发展；我们是马克思主义的历史主义者，我们不应当割断历史。从孔夫子到孙中山，我们应当给以总结，承继这一份珍贵的遗产。"[②]

但是在这本小册子里是不是就要"给以总结"呢？不能够。这主要是因为作者的思想水平有限，没有能力做这个工作的缘故。就是前面所讲的故事，也只能是从作者的思想水平出发而编述下来的，在选择取舍之间，在解释评论之间，错误一定难免。写出来，也只是请读者指教！这不是客气话，是实话！因此，也就谈

---

① 嵇文甫《关于历史评价问题》，人民出版社，1956年3月版，第10页。
② 《毛泽东选集》第2卷，人民出版社1952年，第2版，第522页。

不到什么"给以总结"了。那是要留待更辛勤的、更精通的掌握了马克思列宁主义的科学工作者来完成的。

可是读者中也许有人要追问我究竟对于孔子是怎样的看法。我在这里,也就把我极不成熟的看法谈一下。谈得不对的地方也一定有,还是诚恳地向读者讨教!

第一,从孔子所处时代的社会性质来看孔子。孔子处在春秋时代,以我理解,春秋和战国实在是一整个时代,这个时代是中国奴隶制社会崩溃、封建社会形成的过渡期。春秋和战国诚然有很大的不同,但这个不同,在我看来,只是社会变动的剧烈程度表现得不同罢了。在春秋时期,社会变动还没有达到质的突变,而在战国时期则完成了这一变革。郭沫若先生说:

> 依据《史记》,把绝对的年代定在周元王元年,即纪元前475年。在这之前的春秋作为奴隶社会的末期,在这之后的战国作为封建制的初期。①

如果划界的话,这样划界自然也可以。但是这当然不是说历史是可以截然划开的。而这样的划界,我觉得还不如把春秋战国当作一整个过渡期,因为这样对一些学术思想的演变要好解释些。只是孔子所处的时代还是奴隶制时代而不是封建社会,在这点上,我是同意郭沫若先生的看法的。

春秋战国是一整个时代,先秦诸子的思想都是这一整个过渡

---

① 郭沫若《奴隶制时代》,新文艺出版社,1952年6月版,第27页。

期的剧变中的意识反映。孔子是先秦诸子中最早的一个。他的进步面之一，就是反映奴隶制社会崩溃期的"人"的解放，这个伟大现实在他思想体系上，就是"仁"的学说，就是把教育从贵族所专有（官学），在一定程度上开放给一般人（私学）。孔子的进步面之二，就是他在这段过渡期——同时也是封建社会的形成期——中，为大一统的封建王朝提供了一些虽然粗略的但是规模宏大的政治建设蓝图，他研究了以往的政治经验，作出了一定程度的总结，又加上一些适合社会发展情况的创造，给后代封建社会的统治规模打下了一些基础。把他称为封建社会的"圣人"，不是偶然的。封建社会总比奴隶制社会前进了一步，所以就当时看，孔子的大部分政治理想是有进步意义的。

孔子的落后面主要是他还带有奴隶社会中的等级思想，甚而是氏族社会中所遗留的血统观念、狭隘地域观念，这就是表现在讲君君、臣臣、父父、子子，讲正名，讲礼，讲君子、小人，讲天，讲命，讲内诸夏而外夷狄（对吴、楚就加以敌视），等等。这里很多东西是陈腐的，孔子在讲到这些东西的时候，也特别流露出留恋一些旧事物的感情。

而且，更由于孔子所处的时代的过渡性以及他的政治地位（他既当过高级官吏，而且一生主要活动除了教育事业外也是奔走做官，就是教育事业也主要是训练弟子们做官的）的关系，他的思想有许多不彻底、不明朗、对上妥协、对劳动生产和劳动人民轻视的地方。这些地方集中地表现的就是他所谓"中庸"之道。这是他的软弱处。

他有进步面,有落后面,有软弱处,而进步面是主要的,这就是我对于孔子的估价。概括地谈孔子,就是如此。

如果仔细考究下去,孔子的进步面、落后面、软弱处,我认为也还是错综的,好的不完全是好,坏的也不完全是坏。举例说,他讲仁,这是进步的,但是同时讲礼,礼就限制了仁;他普及教育,这是进步的,但也并非普及一切人,限度也仍然是有的。他讲礼,一般说是落后的,但是他注重礼的内容而轻视礼的形式,这就又是改革;他讲天,讲命,一般说也是落后的,但他并没有迷信鬼神,也没有全部陷入宿命论,这就仍有他开明的地方。他讲中庸,不错,一般的也是妥协性的表现,但是在"和而不同"上,在对弟子依不同个性而分别指示"过犹不及"上,在"学"与"思"并重上,这就貌似妥协,而事实上是避免绝对化、片面化的正确态度和正确思想方法,这就又不能一笔抹煞了。至于孔子对后代的影响,问题就更复杂,有好影响,也有坏影响;在坏影响中有的是孔子本来不对,也有的本来是有益的东西,而因为不正确的理解,就变为有害的东西,关于这方面,责任就不能完全由孔子来负了。所以我们一方面对孔子要有总的把握,一方面对他个别言论的实质和影响还要加以具体分析。

第二,在估价孔子时,我认为不能照我们主观上的认识,把孔子的思想作为一个严密的思想体系来对待,也不能拿后代由于演绎孔子的思想而构成的一套完整的儒家思想系统来派作孔子的思想。孔子虽然说"吾道一以贯之",但究竟孔子的思想还没有达到成为一个严密的系统的地步,这是因为中国学术思想在那个时代还没发达到这个地步的缘故。所以我赞成侯外庐先生等所提出的"不均衡""自论相违"。[1] 很多人过高地估价孔子，或过低地估价孔子，主要是由于没考虑到这一点。

第三，在孔子对于中国文化的一些具体贡献，如教育事业、编写历史、整理诗书上，在孔子个别有价值的言论（**包括着智慧和经验**）上，在孔子本人的"学不厌、教不倦"的积极态度上，大多数现代学者几乎没有异议，我认为这也就是应当肯定下来的东西。所以，所谓对孔子也还不能"给以总结"，并不等于对孔子来一个"不可知论"。我们应该把可以肯定的东西和还在争论的问题分别开来。

第四，无论谈孔子的历史地位也好，无论谈孔子的具体贡献也好，我们一定要避免个人崇拜。这不只因为个人崇拜是不应该的，是会产生毛病的，而且因为夸大个人在历史上的作用首先是不合乎事实的，是不科学的。孔子无论有多高的成就，是和当时的社会发展分不开的，而社会的发展首先是广大劳动人民所推动的。孔子的出现也不是孤立的现象，就像同时的政治家子产、晏婴等，也已经具有和孔子相近的才能（**虽然发展的方向不同**）；就像同时的普通人长沮、桀溺等，也已经具有和孔子对社会变动同等的关切（**虽然看法不同**）；就像"士"这个阶层，当时一般也都在活跃着——他们都是生活在同一时代里呵。孔子一生经过了一些发展，这些发展也都步步可寻，都和他的丰富经历、刻苦努

---

[1] 见侯外庐、杜守素、纪玄冰合著《中国思想通史》第 1 卷，三联书店，1949 年长春版，第 128 页。

力分不开，而这些丰富经历、刻苦努力，也只有在他那特定的历史阶段中才有可能实现。绝不能把孔子当作奇迹！

  这就是我对于孔子粗枝大叶而又肤浅的看法。至于本稿之成，也经过了一些岁月，中间阿英同志提过宝贵的意见，也得到上海人民出版社编辑同志的很多帮助，这样才写完。（但是并没有写好！）我要谢谢他们，并期待读者给我更多的教益！

长之1956年5月26日记于北京

附录

从孔子到孟轲[①]

1. 思想

凯耳（Kiel）大学的教授克鲁诺（Bienard Kroner）曾著过一部书，叫作《从康德到黑格尔》（*Von Kant bis Hegel*），认为黑格耳是康德的思想的必然发展。我看孟轲之于孔子亦然。

孔子的思想中，有许多点，已是萌发着孟子了。

孟子所探讨的问题，有许多仍然是继承着孔子的问题。子贡说："夫子之文章，可得而闻也；夫子之言性与天道，不可得而闻也。"（《公冶长》，十三）别人也说："子罕言利与命，与仁。"（《子罕》，一）可是孟子就正是发挥孔子这不常谈的方面的。孔子说话有分寸，不是中人以上，不能够语上（《雍也》，二十一），而且"不可与言而与之言，失言"（《卫灵公》，八），所以孔子之不常谈，并不是没有兴趣，也不是没有心得，只是少有谈到的机

[①] 该文发表于一九四三年一月出版的《理想与文化》第二期，署名李长之。

会而已。孟子却是一个天分极高的人，假若遇到孔子——其实在精神上早已遇到了，孔子一定是和他谈得忘倦的吧。

孔子虽不常谈天道性命仁利，但就他在很少的机会中所流露的而言，却也颇与孟子相近。关于天道，孔子在答复子贡"予欲无言"之问时曾说"天何言哉？四时行焉，百物生焉"（《阳货》，十九），又说"不怨天，不尤人，下学而上达，知我者其天乎"（《宪问》，三十五），这其中有一种与天地合一的神秘感觉，正是孟子所谓"尽其心者知其性也，知其性，则知天矣"（《尽心》上，一），正是孟子所谓"上下与天地同流"（《尽心》上，十三）。关于性，孔子虽然说"性相近也，习相远也"（《阳货》，二），但孔子又说"我欲仁，斯仁至矣"（《述而》，三十），"未之思也，夫何远之有"（《子罕》，三十一），并说"有教无类"（《卫灵公》，三十九）。把仁看得这样容易，把教育看得这样平等，正是孟子性善说的张本。即以"性相近，习相远"论，上句也业已包括性善说的根据，孟子正是发挥这相近的地方，"扩而充之"的。反之，孟子虽主性善，但也有"中也养不中，才也养不才"（《离娄》下，七）的话，可见也未尝不承认孔子上智下愚与中人之分。关于命，孔子已说过"不知命，无以为君子也"（《尧曰》，三），孟子则发挥得尤其详备而精彩，最著者即"尽其心者，知其性也；知其性，则知天矣。存其心，养其性，所以事天也，殀寿不贰（赵注：疑），修身以俟之，所以立命也"（《尽心》上，一）。这说法太好了！孟子为什么说得这样好？这只是因为孟子发现了性善说，又贯通了儒家的形而上学故。至于仁，孔子未尝不常说，但多半因人施教，而且他鼓励人的也是"能近取譬，可谓仁之方也已"（《雍也》,三十),他把表现在日常生活上的"仁"说了,他把"仁"的反面说了,他把"仁"的似是而非的观念也说了,但很少在正面说到"仁"的精微。孟子却一则说"仁也者,人也,合而言之,道也"(《尽心》下,十六),二则说"人皆有所不忍,达之于其所忍,仁也"(《尽心》下,三十一),三则说"仁者以其所爱,及其所不爱"(《尽心》下,一),四则说"人之所以异于禽兽者几希?庶民去之,君子存之,舜明于庶物,察于人伦,由仁义行,非行仁义也"(《离娄》下,十九),他把孔子藏在心里的话也似乎探着而说出来了。孔子说话,为求实效,常常顾到对方,而且他不愿和人有不必要的冲突,他希望的是"老者安之,朋友信之,少者怀之"(《公冶长》,二十六),所以他的话总是含蓄,保留,而富有暗示性;孟子的理想主义色彩却浓些,他把见到的人都理想化了,因此把高妙的道理常向一般人一五一十地说出来。假若让我们亲自遇到孔子,或者受益是较书本上更大些的,但只就书本上而论,孟子却告诉我们的更准确,更剀切,更容易把握,更带诱惑性,更有可企求处而最后不关于利。孔子和孟子是同样强烈的反功利论者。孔子已经说,"放于利而行,多怨"(《里仁》,十二),"君子喻于义,小人喻于利"(《里仁》,十六),但孟子在这方面更彻底地发挥了。他给梁惠王的当头一棒即"王何必曰利,亦有仁义而已矣",他给热心的和平运动者宋牼的一瓢冷水即"先生之志则大矣,先生之号则不可,先生以利说秦楚之王,秦楚之王悦于利,以罢三军之师,是三军之士,乐罢而悦于利也,为人臣者怀利以事其君,为人子者怀利以事其父,为人弟者怀利以事其兄,是君臣父子兄弟,终去仁义,怀利以相接,然而不亡者,未之有也"(《告子》下，四）。大反功利本是艺术世界的真精神，孟子更彻头彻尾是有艺术的气分的，这气分孔子本也有，但孟子则是特别把这一方面放大而强化了的。

通常人总以为孔子讲礼一定讲到规行矩步的地步，后人甚且以"累世不能殚其学，当年不能究其礼"（《太史公论六家要旨》）为儒者之"博而寡要，劳而少功"诟病，其实孔子本人对于礼有解放的趋势，有简单化的要求，你看：

> 林放问礼之本。子曰：大哉问！礼与其奢也，宁俭，丧与其易也，宁戚！（《八佾》，四）
>
> 子曰：奢则不孙，俭则固，与其不孙也，宁固。（《述而》，三十六）
>
> 子曰：麻冕礼也，今也纯俭，吾从众，拜下，礼也，今拜乎上，泰也，虽违众，吾从下。（《子罕》，三）
>
> 子曰：先进于礼乐，野人也，后进于礼乐，君子也。如用之，则吾从先进。（《先进》，一）

假若以"繁文末节"责孔子，那就真太冤枉了！

孔子这种简单化而解放的要求，到了孔子的弟子更为显然。所以子夏说："大德不逾闲，小德出入可也。"（《子张》，十一）从这种趋势发展下去，自然会有孟子所谓"大人者，言不必信，行不必果，唯义所在"（《离娄》下，十一），自然会有孟子所谓"所恶于智者为其凿也"，自然会有孟子所谓"执中无权犹执一也，所恶执一者，为其贼道也，举一而废百也"（《尽心》上，二十六）。

这个线索多么显然！可见从孔子到孟子，是一个自然的发展！儒家哲学到了孟子，已经空灵化，已经"进德类情，变通神化"（焦循说），但却仍源于孔子。

2. 人格

不唯在思想上，孟子所探讨的问题，是继承孔子。在人格上，孟子也几乎是孔子的人格之再现，至少也是孔子的人格许多方面的加重并加浓。只是加重加浓的结果，有些变了样，仿佛成了漫画，然而神味和根源，却还是十分明显。假若我们剥掉理想主义的宋代理学家所加给孔子的面罩，以及蔽于小而不知大的流俗所加给孔子的误解，我们即可以发现孔子的真面目——在根性上是有浓重的气魄的人！你看他那些话："非其鬼而祭之，谄也；见义不为，无勇也"（《为政》，二十四），"朝闻道，夕死可矣"（《里仁》，八），"学如不及，犹恐失之"（《泰伯》，十七），"发愤忘食，乐以忘忧，不知老之将至"（《述而》，十九），"为之不厌，诲人不倦"（《述而》，三十四），"三军可夺帅也，匹夫不可夺志也"（《子罕》，二十六），"色厉而内荏，譬诸小人，其犹穿窬之盗也与"（《阳货》，十二），"无求生以害仁，有杀身以成仁"（《卫灵公》，九），"当仁不让于师"（《卫灵公》，三十六），"文王既殁，文不在兹乎？天之将丧斯文也，后死者不得与于斯文也！天之未丧斯文也，匡人其如予何"（《子罕》，五）。这精神是多么刚健，硬朗！不过孔子是把这精神收敛了，是把那光芒掩起来了，只在偶尔的机会下,像龙一样,却在云里偶尔露出一鳞一爪而已!孟子却是未收敛时的孔子!

孔子的精神,认真地说,无宁在意志的坚强勤奋,在情感的浓挚坦率,然而又纳之于深澈远大的理智之中。孔子有艺术家的气分,所以"在齐闻《韶》,三月不知肉味,曰:不图为乐之至于斯也"(《述而》,十四),所以反功利,所以知道"知之者不如好之者,好之者不如乐之者"(《雍也》,二十),认为趣味的培养之重要,远在理智的认识之上,非深于美学教养的人如何说得出?孟子正推阐这方面,所以说:"仁言不如仁声之入人深也,善政不如善教之得民也"(《尽心》上,十四),"以善服人者,未有能服人者也,以善养人,然后能服天下"(《离娄》下,十六)。"仁声"和"以善养人",即是艺术的陶冶,而不是理智的命令,孟子自己也最能采取艺术的态度,他知道在日常生活里如何欣赏摄取,所以说:"观水有术,必观其澜,日月有明,容光必照焉"(《尽心》上,二十四),他知道把道德的极致可以看作是和艺术的极致似的!所以说"规矩,方圆之至也,圣人,人伦之至也",这就是把道德的最大造就看作是单纯的几何图形之美似的。但这也就是孔子所谓"从心所欲,不逾矩"(《为政》,四),那是经过了七十年的奋斗才获得的。

艺术化的人生,并不是软化的人生。孟子像孔子一样,也主张刚。子曰:"吾未见刚者。"或对曰:"申枨。"子曰:"枨也欲,焉得刚!"(《公冶长》,十一)欲求太多,就是沉溺了,就是汩没了自己了,所以不能刚。摆脱欲求,是有所不为,有所不为就是孟子所谓义,"人皆有所不为,达之于其所为,义也"(《尽心》下,三十一),义才能刚。孟子说:"我善养吾浩然之气,其为气也,至大至刚,以直养而无害,则塞于天地之间。其为气也,配义与道,无是馁也,是集义所生者,非义袭而取之也。行有不慊于心,则馁矣。"(《公孙丑》上,二)这话完全和孔子的话相发。这是一种道德的勇气,也就是孔子所谓"仁者必有勇"(《宪问》,四)。

艺术的要求,要高贵,要单纯。在美学上,称之为壮美(eraben)。施之于人生,就是"约"。孔子孟子都主张约。孔子说:"以约失之者鲜矣。"(《里仁》,二十三)孟子说:"言近而指远者,善言也,守约而施博者,善道也"(《尽心》下,三十二),"博学而详说之,将以反说约也"(《离娄》下,十五)。

艺术的境界是虽紧张而不窘迫,虽从容而不松懈,孔子和孟子在人生的最高造诣也都如此。他们都同样热心人世,也都同样不怕失败。可是他们都可以进退自如,常有乐趣。孔子说"用之则行,舍之则藏"(《述而》,十一),孟子说"居天下之广居,立天下之正位,行天下之大道,得志与民由之,不得志独行其道"(《滕文公》下,二),"穷则独善其身,达则兼善天下"(《尽心》上,九)。孟子的态度是进退"绰绰然有余裕"(《公孙丑》下,五),是"人知之,亦嚣嚣,人不知,亦嚣嚣"(《尽心》上,九),他可以因为父母俱存、兄弟无故而乐,他可以因为仰不愧于天、俯不怍于人而乐,他可以因为"得天下英才而教育之"而乐(《尽心》上,二十),的确做到孔子所说的"君子坦荡荡"(《述而》,三十七)了。

3. 政治理想

儒家的精神是人本的，孟子所谓"仁者人也"，话虽短，却颇道着了根本。人本也就是人情化，孔子主张的"直"，孟子反对的"机变之巧"，都是同一态度。儒家的一切理论，不过由此出发。小而言之，如丧制，孔子驳斥宰我"女安则为之"（《阳货》，二十一），孟子答复充虞"然后尽于人心"（《公孙丑》下，七），根据无非是人情。大而言之，如政治。儒家的政治，都是保民、安民、得民心的政治。孔子已说："道千乘之国，敬事而信，节用而爱人，使民以时。"（《学而》，五）叶公问政，孔子的答复是"近者说，远者来"（《子路》，十六），对于樊须的申斥是："小人哉，樊须也！上好礼，则民莫敢不敬，上好义，则民莫敢不服，上好信，则民莫敢不用情，夫如是，则四方之民，襁负其子而至矣，焉用稼？"（《子路》，四）这种使民以时的宽厚，近者悦远者来的号召，襁负其子而来的愿望，就是孟子所发挥得滔滔不绝的"仁政"，或"王道"。

照中国儒家的政治理想，政府不过是一个教育机关——不，更严格地说，乃是一个伦理的推行机关。而且这种伦理的要求，只不过在维持一种人情的温暖。一切的建设，最后目的不过在此。"子适卫，冉有仆，子曰：'庶矣哉！'冉有曰：'既庶矣，又何加焉？'曰：'富之！'曰：'既富矣，又何加焉？'曰：'教之！'"（《子路》，九）这种先得人民，后加经济建设，终归教育的步骤，完全为孟子所遵从着。孟子说："明君制民之产，必使仰足以事父母，俯足以畜妻子，乐岁终身饱，凶年免于死亡，然后驱而之善"（《梁惠王》上，七），最后的目的是在"驱而之善"。以人情为出发，孟子把政治看得极其单纯，他甚而天真地说："人人亲其亲，长其长，而天下平"（《离娄》上，十一），"老吾老，以及人之老，幼吾幼，以及人之幼，天下可运于掌"（《梁惠王》上，七）。仁政不过是发挥温暖的人情的政，王道不过是保障温暖的人情的道。

从温暖的人情出发，当然反对战争。反战思想，在孟子最激烈，他所谓："争地以战，杀人盈野，争城以战，杀人盈城，此所谓率土地而食人肉，罪不容于死。故善战者服上刑！"（《离娄》上，十四）可是孔子也同样有这种态度：卫灵公问陈于孔子，孔子对曰："俎豆之事，则尝闻之矣，军旅之事，未之学也。"明日遂行。（《卫灵公》，一）走得多么干脆！不教民而战，尤其为所憎恶。孔子说："以不教民战，是谓弃之。"（《子路》，三十）鲁欲使慎子为将军，孟子曰："不教民而用之，谓之殃民，殃民者，不容于尧舜之世。"（《告子》下，八）孟子的话，几乎处处以孔子为张本！

要安定，不要战争，就像一个普通的老百姓所要求的似的，正是孔孟所要求的。在这种安定的政治局面之下，最好是大一统。孔子说："天下有道，则礼乐征伐，自天子出。……天下有道，则庶人不议。"（《季氏》，二）孟子说："（天下）定于一。……不嗜杀人者能一之。"（《梁惠王》上，六）孟子对当时所不满的，也正是在"圣王不作，诸侯放恣，处士横议"（《滕文公》下，九）。这种大一统的要求，对中国数千年来的政治之稳固，非常有影响。

儒家的政治理想是安定，是统一，是人情化，是伦理化，是教育化，是文化高于一切，是美育建设在刑法制度之上，但是如何才能达到这些目的呢？儒家的答复很简单：从个人做起——尤其从政治的领袖做起。季康子问政于孔子,孔子说:"政者正也,子帅以正,孰敢不正。"(《颜渊》,十七)季康子患盗,问于孔子,孔子说:"苟子之不欲,虽赏之不窃!"(《颜渊》,十八)季康子问政于孔子曰:"如杀无道,以就有道,何如?"孔子仍然答道:"子为政,焉用杀?子欲善而民善矣!君子之德风,小人之德草,草上之风,必偃。"(《颜渊》,十九)孔子又曾说:"君子笃于亲,则民兴于仁,故旧不遗,则民不偷。"(《泰伯》,二)子欲善而民善矣,这是儒家所肯定的。孟子也说:"人皆有不忍人之心,先王有不忍人之心,斯有不忍人之政矣,以不忍人之心,行不忍人之政,治天下,可运之掌上"(《公孙丑》上,六),"其身正而天下归之"(《离娄》上,四),"君仁莫不仁,君义莫不义,君正莫不正,一正君而国定矣"(《离娄》上,二十),"有大人者,正己而物正者也"(《尽心》上,十九)。在儒家看,政治的领袖即须兼为伦理的领袖。在伦理中,儒家又特重好恶,好恶在是非之上,所以后来作《乐记》的人便说:"先王之制礼乐也,非以极口腹耳目之欲也,将以教民平好恶,而反人道之正也。"可见儒家的政治领袖,不唯是伦理的领袖,而且是审美教育的领袖。柏拉图的理想政治领袖只是哲学家,普通人就觉得他的道理十分高了,但是哲学家究竟是偏枯的理智主义者,中国所理想的政治领袖却是道德家、教育家、艺术家!试问哪一种理想高!

儒家在政治上从个人做起,这是和他们的伦理主张在个人做起相通的。孔子说"君子求诸己,小人求诸人"(《卫灵公》,二十一),孟子也说"仁者如射,射者正己而后发,发而不中,不怨胜己者,反求诸己而已矣"(《公孙丑》上,七),"爱人不亲反其仁，治人不治反其智，礼人不答反其敬，行有不得者，皆反求诸己，其身正而天下归之"（《离娄》上，四）。

更究极了说，这不只是儒家的伦理主张和政治主张相贯通的问题，乃是孔子人格的根本点即在把那种强健硬朗气魄不施向外而施向内上。因为不施向外，所以那刚健的力不是暴力，不是盲动，不是冲动，却是收敛的，节制的，范围于规矩之中的。康德说"天才的翅子须加剪裁"，孔子说"从心所欲，不逾矩"（《为政》，四）。这已经成了中国的传统了，所以中国人在诗中推杜甫，在书法中推王羲之，在画论中讲"如炼钢，化作绕指柔"，在美感的生活中推重温润而坚硬的玉！因此，许多有才气、绝顶聪明的人愿意笼罩于孔子的精神之下，朱熹如此了，孟子也如此。孟子还多少是一个未收敛的孔子，孔子却是一个已经炉火纯青的提炼过的孟轲了！

4. 造诣与言论

"乃所愿则学孔子也"（《公孙丑》上，二），这是孟子一生的愿望，正如孔子一生梦寐中都是希望做周公。他学孔子，到底学到什么地步呢？我们可以说，学得太像了，简直学到了声音笑貌。

他们在人格的造诣上，几乎有着共同的成就。孔子说"四十而不惑"（《为政》，四），孟子便说"我四十不动心"（《公孙丑》上，二）。对于人性观察之深刻与胸怀的伟大也有些差不多，孔子说"人之过也，各于其党，观过斯知仁矣"（《里仁》，七），孟子便说"人恒过,然后能改"(《告子》下,十五),同是对于人原谅到最大的限度,同是在人类的罪恶的边沿依旧相信其中有不可磨灭的尊严的人性。这是杜斯妥益夫斯基式的思想,这是大艺人贾波林游欧先参观监狱的慈肠。孔子与孟子对于救世,都有一种热烈的责任感,所以孔子说"天之未丧斯文也,匡人其如予何"(《子罕》,五),而孟子也说"夫天未欲平治天下也,如欲平治天下,当今之世,舍我其谁也"(《公孙丑》下,十三)。

对于伦理法则之普遍妥当性的信念,孔孟也是同样坚强的,孔子说"谁能出不由户,何莫由斯道也"(《雍也》,十七),孟子便说"行之而不著焉,习矣而不察焉,终身由之,而不知其道者众也"(《尽心》上,五)。不但对之有坚定的信念,而且热烈地执着地爱之,认为超过生命。所以孔子说"志士仁人,无求生以害人,有杀身以成仁"(《卫灵公》,九),更指伯夷叔齐为"求仁而得仁,又何怨"(《述而》,十五),而孟子也说"生亦我所欲也,义亦我所欲也,二者不可得兼,舍生而取义者也。生亦我所欲,所欲有甚于生者,故不为苟得也,死亦我所恶,所恶有甚于死者,故患有所不辟也"(《告子》上,十)。

在树立知识分子的人格上,似乎孟子发挥得特多,出处大节,是孟子最所不苟的。可是孔子也已经提到:"君使臣以礼,臣事君以忠。"(《八佾》,十九)关系已指明为对待的,为条件的了。

孟子完全是孔子的影子,不过是某些部分放大了的。孟子学孔子,甚而有些小地方都很像。孔子讲知言,说"不知言,无以知人也"(《尧曰》,三),孟子也便说"我知言,我善养吾浩然之气"(《公孙丑》上,二)。孔子好观察人,所谓"视其所以,观其所由，察其所安，人焉廋哉！人焉廋哉"(《为政》，十)，孟子可也说"存乎人者，莫良于眸子，眸子不能掩其恶，胸中正，则眸子瞭焉，胸中不正，则眸子眊焉。听其言也，观其眸子，人焉廋哉"(《离娄》上，十五)。

孟子所谓"得天下英才而教育之"是一乐，这种对于青年之衷心的爱护，还不是本诸孔子"后生可畏，焉知来者之不如今也"(《子罕》，二十三)，"归与归与！吾党之小子，狂简，斐然成章，不知所以裁之"(《公冶长》，二十二)？孟子所谓"乃若所忧则有之，舜人也，我亦人也，舜为法于天下，可传于后世，我由未免为乡人也，是则可忧也"(《离娄》下，二十八)，还不是本诸孔子"德之不修，学之不讲，闻义不能徙，不善不能改，是吾忧也"(《述而》，三)？孟子所谓"其进锐者其退速"(《尽心》上，四十四)，还不是本诸孔子"欲速则不达"(《子路》，十七)？孟子所谓"人知之，亦嚣嚣，人不知，亦嚣嚣"(《尽心》上，九)，还不是本诸孔子"人不知而不愠"(《学而》，一)？孟子所谓"君子可欺以其方，难罔以非其道"(《万章》上，二)，还不是本诸孔子"君子可逝也，不可陷也，可欺也，不可罔也"(《雍也》，二十六)？孟子所谓"人不可以无耻"(《尽心》上，六)，还不是本诸孔子"行己有耻"(《子路》，二〇)？至于"不怨天，不尤人"(《公孙丑》下，十三；《宪问》，三十五)，"君子之德风也，小人之德草也"(《滕文公》上，二；《颜渊》，十九)，简直把孔子的话变为自己的话了。

不但说话的语言有些像孔子，甚而孟子的文章，我疑惑都是由孔子学来的，孔子那种"大哉尧之为君子！巍巍乎，唯天为大，唯尧则之,荡荡乎民无能名焉!巍巍乎其有成功也,焕乎其有文章"(《泰伯》,十九)的风格,简直像由孟子执笔。

孟子与孔子,他们精神上的共鸣太多了,无怪学得那样成功!

5. 孟子所传之孔子

孔子是这样为孟子所向往、所崇拜、所愿学的人,究竟在孟子心目中孔子是怎样的一个人呢?这是值得研究的。人格上没有共鸣,不会有了解,但任何人的了解也都有主观的创造。

首先,孟子最熟悉孔子的生活。在《孟子》里,我们得到了些孔子的传说材料。"孔子尝为委吏矣,曰会计当而已矣;尝为乘田矣,曰牛羊茁壮而已矣"(《万章》下,五),我们可从而知道孔子少年时生活的丰富以及做事的认真。

孔子的仕宦态度,我们也可借孟子的话而有所明了:"孔子之仕于鲁也,鲁人猎较,孔子亦猎较。……孔子先簿正祭器,不以四方之食供簿正。……兆足以行矣,而不行,而后去,是以未尝有所终三年淹也。孔子有见行可之仕,有际可之仕,有公养之仕。于季桓子,见行可之仕也,于卫灵公,际可之仕也,于卫孝公,公养之仕也。"(《万章》下,四)在小地方,孔子也很与人随和,即使不以为然,也用一种间接的渐进的然而却是釜底抽薪的方法去加以改革。孔子行道之心很切,所以肯稍微受一点委屈,然而在确乎看出是没有行道的可能了时,也便索性离开。孟子对孔子的生活不唯是熟悉,而且有着研究,所以把他的仕宦能整理出三数，又观察出在行可之仕中，大都是失望，于是得到一个共同点："未尝有所终三年淹。"

孔子该是一个有豪气的人吧，孟子留心到孔子的游兴，所谓"孔子登东山而小鲁，登太山而小天下"（《尽心》上，二十四）。孟子又知道孔子虽然常要与群相安，然而终于是孤独的，所以说"君子之厄于陈蔡之间，无上下之交也"（《尽心》下，十八），又说"忧心悄悄，愠于群小，孔子也"（《尽心》下，十九）。孔子之思狂狷，深恶乡愿的心情，孟子也最了解，他说："孔子不得中道而与之，必也狂狷乎！狂者进取，狷者有所不为也，孔子岂不欲中道哉？不可必得，故思其次也。……孔子曰，过我门而不入我室，我不憾焉者，其惟乡愿乎？乡愿，德之贼也。……非之无举也，刺之无刺也，同乎流俗，合乎污世，居之似忠信，行之似廉洁，众皆悦之，自以为是，而不可与入尧舜之道，故曰德之贼也。孔子曰，恶似而非者，恶莠，恐其乱苗也，恶佞，恐其乱义也，恶利口，恐其乱信也，恶郑声，恐其乱乐也，恶紫，恐其乱朱也，恶乡愿，恐其乱德也。"（《尽心》下，三十七）用现在的话讲，中道就是古典，古典是容易落于庸俗的，所以需要有一点浪漫的精神——狂狷——以为救济。一国的文化太高了，就容易纤细、脆弱，而堕落，必须有点野蛮的反理性的成分，才能保持圆满的状态。古典是值得向往的，其价值尤在这向往的过程上。假若真正达到古典，就会没有生命。所以所有有价值的古典人物，无不带有浪漫气息。孔子的真精神在此，他之思慕狂狷，正是透露此中消息。周易讲未济，真正圆满，必须含一点不圆满。无缺憾的圆满，就是庸俗，就是乡愿精神，就是歌德、尼采所攻击最烈的

philistine。乡愿是一种"阉然媚于世"的人物，"非之无举也，刺之无刺也"，挑不出什么毛病，一点棱角也没有，殊不知这正是"德之贼"！伪君子，好好先生，滑头，不倒翁，鲁迅所谓"正人君子"，莫利哀所写 tartuffe，都是乡愿的别名。伟大的人物总要有些偏执，有些火气，会哭，会怒，会做梦（不能像王尔德所说的数学教师：他是不许儿童做梦的！），会说笑话，会有时说出幼稚而可笑的话，会有破绽，会不合逻辑，总之，须有点人性，是一个活人——生命的根底终于是有烟，有雾，有泥土气的！自然只有这些是不行的，但在正面的强大理智，丰盛情感，坚决意志之外，都必须有一些为乡愿所不敢有的"缺陷"（！）。孔子的好恶就有时是十分偏颇的，恶佞恶利口还可说，为什么又恶紫颜色呢？这绝不是浅薄的低级的理智主义者所能了解的。然而孔子之可爱在此，孟子都能了然于此，其可爱处亦在此。

　　孔子的人格，是在孟子心目中有着极深而且极清晰的感印的。孔子有刚健深厚的气魄，但处处给这气魄以形式。孟子说他"进以礼，退以义，得之不得，曰有命"（《万章》上，八）。礼和义就是范围那刚健深厚的气魄的形式，有命就是约束那救世的热情而不至不择手段的提防。

　　形式！简直像最优美的艺术的形式一样，是大艺术品的帮助，而不是阻碍。孔子在人生里，已是一个可以把形式运用自如的大艺人。孟子一则说"可以速而速，可以久而久，可以处而处，可以仕而仕，孔子也"（《万章》下，一），二则说"可以仕则仕，可以止则止，可以久则久，可以速则速，孔子也"（《公孙丑》上，二），可知这赞叹已常挂在嘴边。讲画的人每有这种话：

> 洒落取致，但有笔力，多无矩矱，……有心斯事，当从规矩入，再从规矩出，参透此关，无法非实文无法非空。（清蒋和《写竹杂体》）

> 凡画之初作功夫，处处是法，久则熟，熟则精，精则变，变则一片化机，皆从无法中出，是为超脱极致。（清王寅《冶梅梅谱》）

儒家讲礼讲义，这是形式，但最后讲权，权就是超乎形式。孔子说："可与共学，未可与适道，可与适道，未可与立，可与立，未可与权。"（《子罕》，三十）孟子说："子莫执中，执中为近之；执中无权犹执一也，所恶执一者，为其贼道也，举一而废百也。"（《尽心》上，二十六）沾滞于形式，就容易陷入执一。必须在这种地方，我们才能了解孟子所谓"大人者，言不必信，行不必果，唯义所在"（《离娄》下，十一），"有伊尹之志则可，无伊尹之志则篡也"（《尽心》上，三十一），也才能了解孟子所赞美的"孔子圣之时者也"（《万章》下，一）。

孔子对于人生是确乎能够艺术化的。他的处世待人，都恰到好处。这见于《论语》中所记者已很多。但孟子却给了我们重要的一条，这就是："孔子为鲁司寇，不用；从而祭，燔肉不至，不税冕而行，不知者以为为肉也，其知者以为为无礼也，乃孔子则欲以微罪行，不欲为苟去。君子之所为，众人固不识也。"（《告子》下，六）难得的不是在告诉我们孔子这一段故事，而是在这故事的意义——并非如一般人所想的意义。所谓艺术化的人生就是不牺牲自我，却也不给别人以难堪的人生。自我相当于创作意欲，与别人的关系相当于艺术形式,好的艺术便须既不委屈前者,又不破坏后者。孔子就是能这样的。道不行即去,这是孔子的自我,他没让它委屈。然而也并不一怒而去,显得鲁国君相都不识好歹,那就太严重了,现在却是捡一个轻微的借口,给自己的国家当政者一点面子。没有借口也不行,那就太轻率了。孟子很懂得孔子这种处世方法——不失掉自己却又能与人相安的生活方法。这是绝大的艺术!试一看有些人随俗浮沉而丧掉自己,又有些人任性使气而碰壁而自杀,就明白它有价值了!孔子始终没失掉真性情,但孔子始终是一个为多数人所愿亲近的人物。这是他的成功!

为与人相处而安,就得近人情。孔子是最近人情的人。极端都是不近人情的,所以孟子所了解的孔子是"仲尼不为已甚者"(《离娄》下,十)。孔子与屈原不同,屈原的理想是发挥个性的权威的,他希望人人是超人,然而不是,所以他痛苦了,自杀了;孔子的理想则是在建造群的权威,在只要不失掉自己的原则下,尽是谋人与人的相安,谋群的融洽,谋人情的温暖的保持。

然而这样一个近人情的人,重视人情温暖的人,刚健淳厚就像一个乡下老农似的,事实上却是一个帝王——没实现的帝王!换言之,即一个大一统的国家的政治领袖!在现在看,这个观念或者觉得奇特。我们似乎也把孔子当作一个普通哲学家或者如冯友兰先生书中所说的"教书匠"了。但在当时,尤其孟子的心目中,并不如此。孟子一般人便确乎以天子目之。你看公孙丑问:"伯夷伊尹于孔子,若是班乎?"孟子说:"否,自有生民以来,未有孔子也!曰,然则有同与?曰,有,得百里之地而君之,皆能以朝诸侯,有天下,行一不义,杀一不辜,而得天下,皆不为也,是则同。"(《公孙丑》上,二)这便是说孔子已有可以朝诸侯、有天下的资格。又如:"《春秋》,天子之事也。是故孔子曰:知我者其唯《春秋》乎?罪我者其唯《春秋》乎?"(《滕文公》下,九)这是明说孔子也已经做了天子当做的事业。更如:"匹夫而有天下者,德必若舜禹,而又有天子荐之者,故仲尼不有天下。"(《万章》上,六)这是把仲尼已列入舜禹一类,所差的只是没有天子荐之者罢了。这就是说他实在是该登基的,不过不幸没有让位的罢了。把孔子看作帝王,并不始于孟子。孟子所引的宰我也已经说:"以予观于夫子,贤于尧舜远矣!"(《公孙丑》上,二)这已经把孔子列入尧舜帝王之群。恐怕不唯孔子弟子如此看,孔子自己也如此自居。透露了此中消息的,便是《论语》上,孔子说:"凤鸟不至,河不出图,吾已矣夫!"(《子罕》,九)这样,我们才觉得"文王既没,文不在兹乎?天之将丧斯文也,后死者不得与于斯文也!天之未丧斯文也,匡人其如予何"(《子罕》,五),"甚矣吾衰也,久矣吾不复梦见周公"(《述而》,五),这两段有深味。否则,只是表明是一个文化上抱残守缺的书生,或只是追怀一个梦境而已,又有什么意思?

孔子虽是一个未得践天子位的帝王,但他依然有爱国爱乡的情感。孟子所说:"孔子之去齐,接淅而行,去鲁,曰迟迟吾行也,去父母国之道也。"(《万章》下,一)终归是非常近人情的。

在人格上,孟子所传的孔子不唯是做事负责,有登高望远的豪气,痛恶伪君子,进退以礼义自绳,久速仕止却又无沾滞,以治天下自命而依然爱国爱乡,此外,却更随时透露着聪敏颖悟和生命力的丰富。你看孟子记道:"有孺子歌曰:沧浪之水清兮,可以濯我缨；沧浪之水浊兮，可以濯我足！孔子曰：小子听之，清斯濯缨，浊斯濯足矣，自取之也。"（《离娄》上，八）可知孔子的了悟是极迅捷的。又看孟子解释孔子之赞美水："源泉混混，不舍昼夜，盈科而后进，放乎四海，有本者如是，是之取尔。"（《离娄》下，十八）原来水是一个象征，是生命力充溢像孔子那样的人的影子！

在思想上，孟子所传之孔子，也特别有一个面目。首先是人本的，如："仲尼曰，始作俑者，其无后乎？为其象人而用之也。"（《梁惠王》上，四）人类是尊严的，所以即使只是人类的形象也不能侮辱。康德说不可以人为手段，这里却更进了一步，即是象征地用作手段也是不许的！

发挥人本精神，就是人道，就是仁。孟子所传之孔子，在这点上是极干脆，极决绝的，"孔子曰，道二，仁与不仁而已矣"（《离娄》上，二），毫无游移。这是孔子彻底的精神的一方面。

仁也就最有力量，他说，"孔子曰，仁不可为众也"（《离娄》上，七），天下之众也不能与仁为敌。普通人以为道德的力量是迂缓的，但是孟子所传之孔子以为不然，"孔子曰，德之流行，速于置邮而传命"（《公孙丑》上，一），原来比什么都快。在这些地方，都增强了孔子的浪漫精神。

人类负荷这仁的是心。关于心，《论语》中所记孔子语几乎没有。但是在《孟子》中有："孔子曰，操则存，舍则亡，出入无时，莫知其乡，唯心之谓与？"（《告子》上，八）这就是孟子所说"求则得之，舍则失之"（《尽心》上，三）的张本。

能够修养这种仁，就可以有道德的勇气。孟子曾间接地传孔子对于道德的勇气的提倡:"昔者曾子谓子襄曰:子好勇乎?吾尝闻大勇于夫子矣,自反而不缩,虽褐宽博,吾不惴焉,自反而缩,虽千万人,吾往矣!"(《公孙丑》上,二)儒家本不是文绉绉的软体动物,儒家的领袖孔子尤其不是,我们赖孟子,可以保存了一些真面目。

儒家的处世哲学,有它的刚健的地方,有它的不苟的地方。孟子引孔子赞美虞人非其招不往凡二见:"昔齐景公田,招虞人以旌,不至,将杀之。'志士不忘在沟壑,勇士不忘丧其元',孔子奚取焉?取非其招不往也。"(《滕文公》下,一;《万章》下,七)一个守苑囿之吏,因为该用皮冠来招而用了招大夫的旌,就不惜违命杀身,这就是道德的勇气。人皆有死,在沟壑何关?丧其元何恨?

在这种地方,就是一个人的节操。孟子所记阳货欲见孔子一事可为一例:"阳货欲见孔子,而恶无礼。大夫有赐于士。不得受于其家,则往拜其门。阳货瞰孔子之亡也,而馈孔子蒸豚,孔子亦瞰其亡也,而往拜之。"(《滕文公》下,七)阳货一方面要孔子来见,一方面又怕人说无礼,所以利用当时的礼法,故意趁孔子不在去送礼,赚孔子来答谢,殊不知孔子更妙,也趁阳货不在才来登门。为保持一个人道德的勇气,在这些小地方,便也要不苟。

孔子之大一统及贵王贱霸的政治理想,也在《孟子》书里特别保存着。孟子说"孔子曰天无二日,民无二王"(《万章》上,四),"仲尼之徒无道桓文之事者"(《梁惠王》上,七)。贵王贱霸,本是儒家思想的一个大题目,可是在《论语》里竟很少踪迹,在这地方,我们真要感谢孟子,他告诉了我们许多口传而不一定见诸记载的大义微言!

《诗》与《书》，是孔门的教材。在《孟子》书中，传孔子论《诗》者有二："诗云，迨天之未阴雨。彻彼桑土，绸缪牖户，今此下民，或敢侮予。孔子曰：为此诗者，其知道乎！能治其国家，谁敢侮之？"（《公孙丑》上，四）"诗曰，天生蒸民，有物有则，民之秉彝，好是懿德。孔子曰，为此诗者，其知道乎！故有物必有则，民之秉彝也，故好是懿德。"（《告子》上，六）后一条尤为重要，如果这话是真的，则性善说已先为孔子所唱了。孟子传孔子论《书》者有一："孔子曰：唐虞禅，夏后殷周继，其义一也。"（《万章》上，六）焦循说："义者宜也，孟子私淑孔子，全得其通变神化之学，故于此明之。"（《孟子正义》）可见引孔子论书虽只一条，也是微言大义所关。

《春秋》，在孟子认为是孔子的创作，孟子从《春秋》而窥探出的孔子事业，尤为深远有味。孟子一则说："世衰道微，邪说暴行有作，臣弑其君者有之，子弑其父者有之，孔子惧，作《春秋》。《春秋》，天子之事也，是故孔子曰：知我者其唯《春秋》乎？罪我者其唯《春秋》乎？"（《滕文公》下，九）二则说："昔者禹抑洪水而天下平，周公兼夷狄，驱猛兽，而百姓宁，孔子成《春秋》，而乱臣贼子惧。"（同）三则说："王者之迹熄而《诗》亡，《诗》亡然后《春秋》作。晋之《乘》，楚之《梼杌》，鲁之《春秋》，一也。其事则齐桓晋文，其文则史。孔子曰：其义则丘窃取之矣。"（《离娄》下，二十一）四则说："《春秋》无义战。"（《尽心》下，二）这些珍贵的材料，如果不往《孟子》里去找，却向哪里去找？

由于孟子的书，孔子之神明变化的人格更让人多一层认识了，孔子之最大的政治抱负——天子！——更让人明了了，孔子之寄托于《春秋》的事业和生命也更显著了！由于孟子的书，我们看孔子不再是一个书生，不再是一个"教书匠"，不再是一个冥想的哲学家，不再是一个拘于规行矩步的陋儒，不再是一个缺乏人性的"圣徒"，却是一个活人，却是一个气魄博大，目光深远，生命力丰富而旺盛，一心打算治天下的政治领袖——帝王了！

孟子完成了"孔子崇拜"。在《孟子》书中，先是记载了孔子弟子对孔子的赞叹："昔者子贡问于孔子曰：夫子圣矣乎？孔子曰：圣则吾不能，我学不厌，而教不倦也。子贡曰：学不厌智也，教不倦仁也，仁且智，夫子既圣矣乎！……宰我曰：以予观于夫子，贤于尧舜远矣！子贡曰：见其礼而知其政，闻其乐而知其德，由百世之后，等百世之王，莫之能违也。自生民以来，未有夫子也。有若曰：岂唯民哉？麒麟之于走兽，凤凰之于飞鸟，泰山之于丘垤，河海之于行潦，类也。圣人之于民，亦类也。出于其类，拔乎其萃，自生民以来，未有盛于孔子也。"（《公孙丑》上，二）次之，又记载了孔子逝世后弟子们的思慕："昔者孔子没，三年之外，门人治任将归，入揖于子贡，相向而哭，皆失声，然后归。子贡反筑室于场，独居三年，然后归。他日子夏子张子游，以有若似圣人，欲以所事孔子事之，强曾子。曾子曰：不可，江汉以濯之，秋阳以暴之，皜皜乎不可尚已！"（《滕文公》上，四）最后，则道出了自己的了解："伯夷，圣之清者也，伊尹，圣之任者也，柳下惠，圣之和者也，孔子，圣之时者也。孔子之谓集大成，集大成也者金声而玉振之也。金声也者，始条理也，玉振之也者，终条理也。始条理者，智之事也，终条理者，圣之事也。智譬则巧也，圣譬则力也。由射于百步之外也，其至尔力也，其中非尔力也。"（《万章》下，一）孟子完全以音乐比方孔子，说孔子简直像交响乐的最后最精彩的表演一样，令人吟味无穷！孟子认为只有孔子是让人心悦而诚服的，所以他说："以力服人者非心服也，力不赡也。以德服人者，中心悦而诚服也，如七十之服孔子。"（《公孙丑》上，三）孟子对于孔子极致其倾倒，遗憾的是没得亲自受教，所以他说："予未得为孔子徒也，予私淑诸人也。"（《离娄》下，二十二）

孟子之欲学孔子，是他的弟子们所熟知的。然而究竟他要学圣人之一体像子夏子游子张呢，还是像具体而微的冉牛闵子颜渊呢？他对于这个问题避不做复，却只说"乃所愿则学孔子也"，"自有生民以来，未有孔子也"（《公孙丑》上，二）。可知他只有圣人之一体固不满足，具体而微，也不满足。他的事业乃是直承大禹、周公和孔子："昔者禹抑洪水而天下平，周公兼夷狄，驱猛兽，而百姓宁！孔子成《春秋》而乱臣贼子惧。……我亦欲正人心，息邪说，距诐行，放淫辞，以承三圣者，岂好辩哉？予不得已也。能言距杨墨者，圣人之徒也！"（《滕文公》下，九）

仲尼不为己甚者；孔子，圣之时者也；孔子之谓集大成；能以朝诸侯，有天下；自有生民以来，未有孔子也。——这样，便由孟子之手，而把我们这两千年来全民族之第一个最伟大的人物之肖像给绘就了！在反面，则凡反对孔子的流言，孟子一律辨正，用如果那样则"何以为孔子"（《万章》上，八）一句话就给抵挡了。

假若孟子所传的孔子是真面目，我们真要感激孟子这一番保存的功劳，假若孟子所传的孔子有许多成分是创造，我们更要对这一种创造致以最大的敬礼了！孟子是最好的一个雕塑师，我们在他的雕塑艺术里，乃留下一个属于整个民族甚而全人类的精神教养的最大导师之永不可磨灭的巨影了！

6. 孔孟之距离

可是孔子与孟子终有着一种距离。

在人格上，孔子比孟子丰富，走得广博。孟子则只是高峻的。例如对异端，孔子只说"攻乎异端，斯害也已"（《为政》，十六），只是不理，到了孟子便疾言厉色地大肆攻击了。孔子比孟子包容，孔子那里，像一个各种珍花异草都有的花园一样，孟子则是像一团火而已。

孔子终有一种理智的清明处，孟子则似乎稀少了。孟子不是没有智慧，不是没有机智，但缺少冷静分析的理智。以仁与智论，孔子无疑是兼为仁者与智者，而孟子则似乎止于是仁者。"知者乐水，仁者乐山"（《雍也》，二十三），在孔子那里似乎是有山与水，而孟子却止于是山。

对具体的事物，是孔子较能够，也较愿意把握。例如："不有博弈者乎，为之犹贤乎已"（《阳货》，二十二），"子所雅言，诗书执礼，皆雅言也"（《述而》，十八），"信而好古"（《述而》，一），"好古敏以求之"（《述而》，二十），"吾犹及史之阙文也"（《卫灵公》，二十六），这都是对具体的事物的兴趣。孟子却没有这种表现。《中庸》所谓"君子之道，譬如行远必自迩，譬如登高必自卑"，在孔子，我们看见他高的方面远的方面之外，还有迩和卑的方面。在孟子，我们却只看见前者而不见后者。

大概因为生活的不同吧，孔子对于穷困的人特富同情。所以"季氏富于周公，而求也为之聚敛而附益之，子曰：非吾徒也，小子鸣鼓而攻之可也"（《先进》，十七）。所以说"君子周急不继富"（《雍也》，四）；所以说"不患寡而患不均，不患贫而患不安"（《季氏》，一）；且能了解"贫而无怨难，富而无骄易"（《宪问》，十）。孟子在这方面的流露便也较少。

以浪漫色彩论，孟子较孔子浓得多。孟子的哲学只有"推"，由自己而推至一切。孟子把人的地位抬得太高了，他太信任人类了，"人无有不善，水无有不下"（《告子》上，二），孔子却比较保留。孟子十分强调人类自己的尊严，所谓"有天爵者"（《告子》上，十六），所谓"人人有贵于己者"（《告子》上，十七），而孔子这方面的声息也比较淡弱。这都是孟子的浪漫精神显著处。屈原是近于孟子的，虽然缺少一种担得起失败的勇气和从容不迫之态。庄子是近于孟子的，所差者是庄子太爱惜自己的才华，不肯为孔子的精神所束缚。可是屈原和庄子，对孔子都较远。

用齐与鲁的精神比，孔子的精神是纯然鲁，孟子却不免沾染了一些齐气。用科学与艺术比，孔子的精神是较近于科学，而孟子的精神则更近于艺术。倘只以艺术喻之，孔子是近于音乐的，内容含蓄而丰富，暗示性极大；孟子是近于造型的，单纯而明了。假若"从心所欲，不逾矩"同是二人的目标，孔子似乎做到的是不逾矩的方面多些，而孟子则偏于"从心所欲"。所以一古典，一浪漫。

也许一个人性格之所近反而是一个人在学说上之所轻吧,所以文学天才如柏拉图主张放逐诗人,技巧之高如托尔斯泰反对为艺术而艺术。正是如此,孟子反而主张节制,提倡"义";孔子却鼓励人发扬,注重"仁",注重"我欲仁,斯仁至矣"的仁。

孔子可当得起一个大思想家,孟子却毋宁是一个大批评家。在另一方面说,孔子乃是一个崇高而博大的教育家,孟子却是一个热心而勇敢的卫道战士。

一个完备而稳健的思想体系,往往一转即偏。所以苏格拉底之后有柏拉图,康德之后有黑格尔,于是孔子之后,经由解放的一派的传授而有孟轲。此中有思想演进的逻辑在!自然,孔孟的距离,也还有时代的距离使然者,但关于这,我们将专在《孟轲之生平及其时代》中详之。

三十一年十一月八日

孔子可谈而不可谈[1]

有人说孔子是中国文化的发源和宝库,孔子是应当谈的;有人说孔子曾经被统治阶级利用,已经和封建势力有着不解缘,如果谈孔子,就会为反动势力张目,孔子是不可谈的。

我认为可谈而不可谈,单看如何谈,在什么时候谈。

假若纯心是利用孔子,那不必说,是最可憎恶的。为了憎恶这般口是心非,用大道理来遮掩自己的丑恶的人,索性连孔子的大道理也鄙薄起来,这也是人情之常吧。正如时代的名士薄周孔,我们是可以原谅并同情的。就是在近些年,有些头号的贪官污吏,也在提倡尊孔,创办什么刊物之类,叫人见了也恶心。真正尊爱孔子的人,因此而不愿谈孔子,何尝不对?佛头着粪,固无损于佛,然而有洁癖的人,也只好连佛头也不睬了!

退一步,虽然不是利用孔子,而是真正爱孔子,但为了爱孔子,就和假装爱孔子的人合了流,也就是和恶势力妥协,而且投降了,这也仍然叫人寒心!大凡恶势力,既称为势力,就有一些凭借或物质上的优裕之处。那些真正爱孔子的人,为要推行孔子

---

[1] 该文发表于一九四八年十月十五日《大公报》,署名李长之。

的道理，为要散布对孔子的敬意，觉得恶势力虽恶，可是现在为我们利用了，利用它的凭借和物质上的优裕，做些好事，又有何妨？殊不知这一算盘，打得再蠢也没有！恶势力是有腐蚀性的，是有传染极快的毒素的，起初是利用它，最后却是为它裹胁，于是恶势力如虎添翼，什么孔子不孔子，不过增加恶势力为恶之具而已，那些爱孔子的人，也成了恶势力的俘虏，而不知不觉是在那里帮凶了！极而言之，程朱也不免是这一流。洁身自好之士为消极抵抗，索性不谈也对。

孔子之不可谈如此！

可是我认为孔子也可以谈，那就是在恶势力快要解体的时候，这是它已快失掉了作恶的本领，业已没有假装道德仁义的兴趣，而明眼人也不会轻易为所裹胁，当然可以谈。可以谈，但如果谈的方式有问题，就仍然会使恶势力死灰复燃，那就仍然危险。

所以恐怕只有在这样的方式之下，可以少些毛病！一是把孔子还归一个长期的封建时代，凡是那些助长封建势力的说辞一律用历史的钉子把它钉牢，不必让它和现代生活有何关涉；二是把孔子人格之带有永久性的价值的地方洗练出来，洗练包括批判；三是用发展的眼光，看看孔子为后来恶势力所利用处，都是经过如何的路数，免得我们再蹈前辙。假如这三样做到，而又恰是在恶势力解体，人们又不再怀念恶势力之时，孔子可以谈！

现在呢？现在在可谈不可谈之间。

三十七年十月四日晨

孔子与屈原

1. 美与表现

当我读托玛斯·曼（Thomas Mann）的《歌德与托尔斯泰》（*Goethe und Tolstoi*）时，我不禁想到孔子与屈原。托玛斯·曼说世界上的天才大概分为两类，歌德与托尔斯泰是一型，席勒与杜斯妥益夫斯基是一型：前二者是偏于"天"的，后二者是偏于"人"的；前二者是康健的，后二者是病态的（病态却不一定是坏，那意义乃是哲学底或者说形上学底）。他的书虽然标题为《歌德与托尔斯泰》，但假若改为《歌德与席勒》或《托尔斯泰与杜斯妥益夫斯基》，我想也许更合适吧，因为他实在是时刻把这两种精神作为对照的。只是那样的话，"与"字的意义就不同了，所以他一开头，便先说了许多话，来说明"与"。"与"可以是对照，"与"也可以是连系。至于我现所用的"与"，不用说，却不是歌德与托尔斯泰之"与"，乃是歌德与席勒之"与"，或者托尔斯泰与杜斯妥益夫斯基之"与"。我常想，中国难道没有两个伟大而深厚的天才,代表人类精神上两种分野的极峰的么?有;这就是孔子与屈原——虽然我所谓分野,未必同于托玛斯·曼。

当我读温克耳曼(Winckelmann)的《古代艺术史》(*Geschichte der Kunst des Altertums*)时,我又不禁想到孔子与屈原了。温克耳曼有"美"(schönheit)与"表现"(ausdruck)之说。关于美,他说:"美这个概念,就像从物质中被火点燃起的一种精神力,它要依照那在上帝的聪明之下所首规划的理性的生物之形象而产生一种创造物。这样的形式,就是单纯与无缺,在统一之中而多样,由是而为调和的,就像从肉身所发出的一种甜蜜而悦耳的声调然,各部分都是和谐的。"他又说:"从美的形式所塑就的美的青年,是像海的水面那样统一的,其平如镜,然而又无时不在动着,而浪花在卷着。"难道中国精神史上没有这样一个和谐、平静,而流动的雕像么?关于表现,他说:"所谓表现者,是我们灵魂的或身体的剧烈与悲哀的情形的模仿,也许是在悲哀时的心情,也许是可悲哀的行动。在这两种情形里,面貌和举止都要变态的,因而那种构成美的形式当然也要变动,这种变动越大,则有损于美者就越多。"简单说:"表现"可说是破坏了的"美"。在温克尔曼的时代——十八世纪——古典的美学家自注重"美"而轻视"表现",但是近代却不同了,人们对"表现"和"美",并无所轩轾。就是温克耳曼自己,对于有节制的表现,也还是欣取的。什么是有节制的表现呢?这就是他说:"好的艺术家之表现悲哀,是如火焰之只许见其火星的,是如诗人荷马所形容的乌里塞斯(Ulysses)的吐字,像雪片一样,虽然纷纷不息,落在地下却是安详的。"现在我又要请问,在中国文学史上,有没有表现悲哀是像火焰之只见火星一样，是像安详的雪片纷纷落在地下一样的呢？在"美"一方面，我找到了孔子，他就是那样和谐、平静，而流动的。在"表现"一方面，我找到了屈原，他就是那样虽然悲哀而是只见火星的火焰，虽然悲哀而是纷纷的雪片，终归安详的。

以雕刻比，孔子是希德耳勃兰特（Hidelbrand），屈原是罗丹（Rodin）；以绘画比，孔子是达文西（Da Vinci），屈原是米开朗基罗（Michelangelo）。中国真幸运，有这样两个永远照耀着伟大的民族史乘的巨星，我也真幸运，有机会谈到他们！

2. 社会与个人

孔子与屈原在中国的影响太大了，许多人被他们之中之一的精神所导引着。但是在这里，却有一件大可对照的事看出来了，这就是：受了孔子的精神的感发的，是使许多绝顶聪明的人都光芒一敛，愿意做常人，孟轲是这样的人，朱熹也是这样的人！反之，受了屈原的精神的影响的，却使许多人把灵魂中不安定的成分搅醒了，愿意做超人，贾谊是一个例，李白也是一个例。

这事情是偶然的么？一点也不。原来孔子精神是由社会到个人的，他觉得只要社会建造好了，其中的个人不会不好，他侧重社会，他因此常想把个人受拘束于社会之中。他告诉弟子们："毋意，毋必，毋固，毋我"，这都是教人牺牲个性，以适应美的生活的。他告诉人："敏于事而慎于言"，他告诉人："泛爱众而亲仁"，他告诉人："晏平仲善与人交，久而敬之"，这都是指示人如何可以过一种人与人相安的生活，而不会搅乱社会的和平的。他的志愿是："老者安之，朋友信之，少者怀之"。他讲诗教，也注意到"可以群"，原来他时刻不忘群的生活。

我所谓把社会建造好了，其中分子不会不好，但是怎么样才能把社会建造好了呢？照孔子的理想便是"礼"。假若社会上有一种"礼"的文化，所有分子都服从"礼"，那么，各个人便都是好的了。孔子一生的事业在"礼"上。从他小时的游戏"陈俎豆，设礼容"，到他壮年发表政治理想在"君君，臣臣，父父，子子"，一直到他政治活动失败了，定礼乐，作为他那"礼的设计"之最后的修订，著《春秋》，作为他那理想的社会中"礼的制裁"之寄托，在他这栖栖惶惶的七十三岁的生涯中，哪一天忘了"礼"？传说中的孔子适周见老子，不是为问"礼"么？司马桓魋所拔了的树，不也是孔子与弟子习"礼"于其下的么？在孔子死后三百多年，为司马迁所低回留之而不能去的，不也是因为见了孔子庙堂中的车服礼器，并诸生以时习"礼"其家么？

在不能适应群的生活的原因中之一，是由于理智与情感之不能各得其所。理智与情感如何才可以各得其所呢？这也需要"礼"。"礼"可以说是情感与理智的一种妥协，但却是一种巧妙而合理的妥协。荀子说："人苟生之为见，若者必死；苟利之为见，若者必害；苟怠惰偷懦之为安，若者必危；苟情说之为乐，若者必灭；——故人一之于礼义，则两得之矣；一之于情性，则两失之矣；故儒者，将使人两得之者也；墨者，将使人两失之者也。"（《礼论》）这可以说探得"礼"的真精神。从这一方面说，"礼"乃是为适应群的生活计的一种心理准备。

个人与群的冲突是不可免的。但是纯粹抹杀个性，这样的群也就腐烂朽败；反之，纯粹听任个性，也势必使这样的群不得一日安。那么，怎么办呢？孔子告诉我们的态度是"群而不党"，是"周而不比"，是"泛爱众而亲仁"。然而这是原则，而不是实践。实践时须有一种方法，一方面保持自己的个性，一方面避免个人与群的冲突。这是一种艺术，这种艺术就是"礼"。不错，"礼不妄悦人"，然而，在不"妄"之下，究竟还是使人悦的。"将上堂，声必扬；户外有二屦，言闻则入，言不闻则不入"，"户开亦开，户阖亦阖，有后入者，阖而勿遂"，"并坐不横肱"，"尊客之前不叱狗，让食不唾"，"立毋跛，坐毋箕，寝毋伏"（《曲礼》），这些虽然是小节，但犯了时，就会惹人讨厌，就不能过一种和易的群的生活，反之，如果做到了，却会唤起人们的好感，大家生活得便更愉快些。这就是一种生活艺术。

无论就"礼"是一种理想的社会的秩序说，或就"礼"是一种使理智与情感各得其所的，适应群的生活之心理准备说，或就"礼"是使群与个人减少冲突而增进愉悦的一种生活艺术说，"礼"是站在群的观点上而存在的。孔子注重"礼"，所以孔子的观点是侧重群的，因为着重群，所以使处在群中的个人便收敛了。孟轲和朱熹都是为这种精神所笼罩着，因而他们都情愿收敛了的。否则，想想看吧：孟轲将是一个狂士，朱熹将是一个才子！"尊德性而道问学，致广大而尽精微，极高明而道中庸"，这是孔子精神，也是一切被孔子教化所浸润了的人的精神：他们贬抑了自己，他们收敛了自己，他们隐藏了自己，他们为社会，为大我，为群！

在相反的出发点上是屈原。他的看法是，只要在社会上的各个分子好了,整个社会就好了。他的思想的途径是:由个人到社会。于是他希望社会上各个分子都是全然无缺的,都是坚贞的,都是硬朗的,都是优美而高洁的。然而社会上各个分子是不能如他理想的,"哀众芳之芜秽",就是他的痛苦所在——多么伟大的一种痛苦!他希望得太切了,于是幻灭得太厉害,于是他情不自抑地说:"宁溘死而流亡兮","予焉能忍与此终古"!

因为孔子侧重在社会,所以对个人的过失有时候可以原谅,所以说:"观过知仁。"就是孟子也说:"人恒过,然后能改。"可是屈原是不行的,他的社会理想既以个人为起点,所以对于个人的过失到了不能原谅、不能忍耐的地步。最后,他实在无从妥协了,于是出之一死。

因为屈原是侧重在个人的,所以对于自己也要求特别高,自己意识着的责任感也特别重,自己对于自己的督责也特别严。屈原的《橘颂》,不啻是一种自赞,却也不啻是一种自铭自警:"嗟尔幼志,有以异兮;独立不迁,岂不可喜兮!……闭心自慎,终不过失兮!秉德无私,参天地兮!……年岁虽少,可师长兮;行比伯夷,置以为像兮!"他自视甚高,这是因为他希望各个人都做到理想的地步,于是他不得不先从自己做起。但是结果别人离他太远了,他寂寞,他痛苦,像尼采书中查拉图斯特拉走出了人群一样的痛苦。"我本不弃世,世人自弃我",这是李白的寂寞,却也是屈原的寂寞。越想做超人,越要寂寞;越寂寞,越要做超人。受了屈原影响的人,便多半做了寂寞的超人了!贾谊是其中的一个,李白更是其中的一个。

因为孔子侧重社会,侧重群,结果他也被社会所看重。孔子得到一般人的崇拜，他的名誉遍于各个角落。以一个"人"（不是"神"！）的资格，而庙宇布于全国，甚而到了安南；以一个平民的三间住宅而修成了国家建筑的三百多间的大殿（梁思成《曲阜孔庙之建筑及其修葺计划》页六，民国二十四年，中国营造学社版），这是世界上一个奇迹，这是历史上一桩唯一无二的事件！——但我们对这件奇迹，却只有自傲，而不是后悔；因为值得！

却因为屈原侧重个人，向往超人，所以他的崇拜者便较少。真正欣赏他而了解他的人，是限于诗人的圈子里。端午节虽有，吃粽子的人多，知道屈原的人少。

"求仁而得仁"，孔子与屈原在中国所得到的待遇，也原是自然的了。

由社会到个人，是孔子；由个人到社会，是屈原。从孔子，我想到一切社会主义者，如马克思；从屈原，我想到一切个人主义者，如尼采！

3. 精神上的反对者

孔子与屈原虽然有这样大的分别，但他们不是没有共同点。在热心救世的一点上，是再没有比他们更相似的了。他们的热心救世到了不顾现实的地步。"知其不可而为之"，这是孔子；"余固知謇謇之为患兮，忍而不能舍也"，这是屈原。他们的失败，他们自己何尝不知道？然而他们偏要做下去，因为他们不忍得放手。

个人的利害，他们也都贬抑到毫不足轻重的地步。

因为他们热心救世，他们在精神上（假若不是事实上），便都遇到了他们的反对者了。孔子所遇到的是楚狂接舆，接舆的歌是："凤兮凤兮，何德之衰！往者不可谏，来者犹可追。已而已而，今之从政者殆而！"屈原所遇到的是江潭渔父，渔父的话是："圣人不凝滞于物，而能与世推移。举世皆浊，何不淈其泥而扬其波；众人皆醉，何不铺其糟而歠其醨？何故深思高举，自令放为？"又歌道："沧浪之水清兮，可以濯我缨；沧浪之水浊兮，可以濯我足！"最有趣的是，这个渔父和楚狂的行径真有点相似，渔父把歌唱完了，就掉头而去，"不复与言"；那个楚狂却也是当孔子下车，欲与之言时，他"趋而去，弗得与之言"。他们都看得多么清楚，做得多么斩截爽利，一点留恋也没有！

可是孔子与屈原不行。他们不是理智不够，却是情感太多了，他们对于人间太爱了，他们不能冷冷然。任何人的失败，不足以动摇他们的信心，任何样的打击和冷淡，不足以熄灭他们衷心的热火。孔子到了六十八岁了，才结束了他的仆仆风尘的跋涉；屈原也是到了六十岁以上的人了，才下了决心离开浊世。他们的晚年都不是平淡的：孔子在风烛残年中没有忘下他壮年的梦："甚矣吾衰也，久矣吾不复梦见周公"；屈原在老迈中也没有放弃他青年时对于美好的事物之情感和态度之倔强："余幼好此奇服兮，年既老而不衰，带长铗之陆离兮，冠切云之崔嵬，被明月兮佩宝璐，世溷浊而莫余知兮，吾方高驰而不顾"（《涉江》）。

不错，屈原终于自杀了，但他不是弱者，也不是由于对世界淡然。反之，他乃是一个强者，他未被世界上的任何邪恶所征服，他没有妥协半点，最后，为了他自己的精神的完整，不能以身之察察，受物之汶汶，不能以皓皓之白，而蒙世俗之尘埃，所以才甘心葬于鱼腹。他不是贪生怕死的，为什么说他是弱者呢？他也不是对世界淡然的，要知道他是在六十岁以上才自杀的（采郭沫若说，游国恩说亦然，我自己考证的结果也是如此），可知在他自杀之前，经过了一种长期的内心斗争。他为什么不早撒手而去？只是因为不忍得。"羌灵魂之欲归兮，何须臾而忘反？……曼余目以流观兮，冀壹反之何时；鸟飞反故乡兮，狐死必首丘；信非吾罪而弃逐兮，何日夜而忘之！"（《哀郢》）他对于故乡的留恋犹且如此，他对于人间的炽爱自不必说。他像陷在男女之爱中的热狂青年一样，那情感太强烈了，震撼了自己，也毁灭了自己。歌德说人有情感奔放时，是像一匹咆哮的马一样，扎一刀，出点血，才痛快似的。这就是屈原自杀的理由！

在世故的老人像老子（假若真有这么一个人）一般人看来，孔子与屈原都是太看不开的人，都太凝滞，都太不懂得"已而已而"，都太傻。楚狂接舆和江潭渔父就是老子一派的。他们和孔子不同道，他们和屈原也不同道。然而他们却是十分了解孔子与屈原的人，甚而是十分同情孔子与屈原的人。他们是劝告，是惋惜，是想提醒这两个"伟大的呆子"（！）的人。楚狂承认孔子是凤，可知他对孔子的才智在钦羡着，他告诉孔子"往者不可谏，来者犹可追"，可知他怕伤了孔子的心，所以仍留给了孔子一点希望，虽然这希望在将来。难道他对于孔子不是很同情，虽劝告，而仍在安慰着么？渔父对屈原也承认是"深思高举"，不过劝他"与世推移"，他这是开导一个"看不开"的热情诗人的话，但在开导之中，何尝没有深切的了解和深挚的爱护？楚狂和渔父都是聪明人，和孔子、屈原不同道罢了，却仍不愧为孔子、屈原的两个知己。

4. 为理想而奋斗与为实现理想而奋斗

孔子、屈原之热心救世同，但毕竟仍有其异点。这就是，屈原是单纯为理想而奋斗的，他没有想到如何达到这个理想——不，至少他不是想慢慢地有步骤地达到这个理想的，他却是希望他的理想顷刻而就，马上呈现着。他缺少由理想渡到现实的桥梁。

孔子不然。倘若说孔子是为理想而奋斗的，这话就不完全。我们却必须说：孔子是为"实现其理想"而奋斗着。

孔子是一个体味人生至深的人，不过他没因此埋没了自己的真性情。他从丰富的人生体验中，得到了应付现实的恰好的方法。例如他说："成事不说，遂事不谏，既往不咎"，"可与言而不与之言，失人；不可与言而与之言，失言；知者不失人，亦不失言"，"君子有三戒：少之时，血气未定，戒之在色；及其壮也，血气方刚，戒之在斗；及其老也，血气既衰，戒之在得"：假若不是在实际生活里深深地体会过来的，不会说这样的话。有时孔子的话，让人听了，真可以觉得入木三分，警惕惭惊，至于无地，例如："苗而不秀者，有矣夫；秀而不实者，有矣夫"，"学而不思则罔，思而不学则殆"，"岁寒，然后知松柏之后凋也"，这些话更绝不是只耽于冥想的人所能够给我们的，其中有丰富而深透的人生经验的背景在！本来，这也是难怪的，孔子自小生长在孤苦伶仃中，他自小过一种戒慎恐惧、操心积虑的生活（然而难得的是他没使他那硬朗雄伟的人格有一点损伤）！他受的挫折太多了，所以他在挫折中的收获也不是点滴而肤浅的了。

屈原不同，屈原是一个贵族。他是楚国三大姓（昭、屈、景）之一，少年时代已是"入则与王议国事，以出号令；出则接遇宾客，应对诸侯"。他得过父亲的慈爱，所谓："皇览揆余初度兮，肇锡余以嘉名：名余曰正则兮，字余曰灵均。"但是孔子怎么样呢？连父亲的坟墓都不敢确指，父亲的慈爱更是渺茫。他不曾有屈原那样文雅的名字，只因为头上有个洼，便叫作"丘"。他生长在贫贱中，他开头做的事情，只是管仓库的"委吏"，只是管牲口的"司职吏"，他自己也说："吾不试，故艺。"他之博学多能，乃是困穷所换来的。这是多么大的一个对照！王国维说李后主："生于深宫之中，长于妇人之手。"又说："主观之诗人不必多阅世，阅世愈浅则性情愈真，李后主是也。"这些话都几乎可以移赠屈原，但却不能移赠孔子！

也因为屈原的生活是在贵族中，所以他注重个人，极其主观，但性情却高贵而真挚。孔子生长在贫贱中，所以注重群，很理智，很客观，气魄健拔而不做白昼的幻想。

我说他们同样热心救世，但一个为理想而奋斗，一个为实现理想而奋斗，不过他们的分别犹不止此。比较地讲，屈原是国家主义的，孔子是世界主义的。司马迁说屈原："以彼其材，游诸侯，何国不容，而自令若是"；但是屈原绝不向各国周游，他始终忘不了自己是楚人，始终留恋在楚国一地。孔子的国家情感，却没有这样浓,只要实现他的理想就行了,鲁固然可以,齐也未尝不可,甚而卫也可以。从这里就可看出,以孔子与屈原比,孔子是一个国际的人物,屈原却是一个国家的人物了。

因为孔子有理想,又有到达理想的桥梁,所以像《礼运》上所称的大同和小康,《春秋》公羊派所称的三世,很可能是孔子政治思想的内涵,至少也是可以从孔子的思想推论出来的。孔子是世界主义的,但是他的世界主义并不飘渺。

屈原却似乎只以国家主义为止境,但即以国家主义论,屈原的理想色彩还是太浓,他没想到把他的理想建在如何的现实上。屈原像一个贪看羽毛美丽的鸡鸭的小孩一样,他只希望一下就看见一只鸡鸭了,他却没有注意到如何去孵卵。

一般地说,古典主义者往往是以世界主义为立场的,歌德可以为例;浪漫主义者往往以国家主义为立场,我们可以举黑格尔。孔子是古典的,屈原是浪漫的,我们又从这里得到了一点消息了。

5. 痛苦与快乐

因为孔子比较顾及现实,所以他免除了屈原所遭受到的许多苦恼。在《卜居》里,屈原所有的"心烦虑乱,不知所从"是:

> 吾宁悃悃款款,朴以忠乎;将送往劳来,斯无穷乎?宁诛锄草茅,以力耕乎;将游大人以成名乎?宁正言不讳,以危身乎;将从俗富贵,以偷生乎?宁超

然高举,以保真乎;将哫訾栗斯,喔咿嚅唲,以事妇人乎?宁廉洁正直,以自清乎;将突梯滑稽,如脂如韦,以洁楹乎?宁昂昂若千里之驹乎;将氾氾若水中之凫,与波上下,偷以全吾躯乎?宁与骐骥亢轭乎,将随驽马之迹乎?宁与黄鹄比翼乎,将与鸡鹜争食乎?

这是屈原那样的人所必须遇到的烦闷。妥协呢?还是不妥协?这心情永远起伏着,斗争着。照屈原那样真挚而纯笃的人看起来,妥协一点就等于全盘妥协,所以他以妥协一点为极大痛苦。但是假若他真正一点也不妥协时,他就觉得一刻也活不下去了。但他既不忍得立刻死去,他活一刹那,就觉得妥协一刹那,也就不啻多痛苦一刹那。"登高吾不悦兮,入下吾不能"(《思美人》),这是他的真正苦闷所在。他这苦闷,也就是在他一千年后的大诗人李太白所重又遇到的苦闷。结果怎么样呢?"哀吾生之无乐兮,幽独处乎山中,吾不能变心而从俗兮,固将愁苦而终穷"(《涉江》)。最后便只有"宁溘死而流亡兮,不忍此心之常愁"(《悲回风》)了。

在屈原这里没有愉快,没有清朗的春天,没有笑声。反之,在孔子那里,像这样纠缠而缭绕的忧愁却一扫而空。正如孔子所责望于人的:"君子坦荡荡,小人长戚戚",孔子自己就是坦荡荡的人。

孔子有一种无入而不自得的乐趣。"富而可求也,虽执鞭之士,吾亦为之;如不可求,从吾所好";"饭疏食,饮水,曲肱而枕之,乐亦在其中矣，不义而富且贵，于我若浮云"。他很赞美颜回之一箪食，一瓢饮，在陋巷，人不堪其忧，回也不改其乐。他常说乐以忘忧，又说仁者乐山，知者乐水。学而时习之，他觉得高兴；有朋自远方来，他也觉得高兴。他有莞尔而笑的时候，他有欣然而笑的时候，他有"哂之"的时候。他的周围是生气盎然，弟子们一定常看见他和悦的笑容，并听见他健朗的笑声。

在文学上，孔子的影响是闲适，也就是像"浴乎沂，风乎舞雩，咏而归"那样的闲适，在这方面，于是我们有陶潜，有白居易，有辛弃疾，有陆放翁。屈原的影响却是感伤和悲愁，我们有李白，有李义山。"人生在世不称意，明朝散发弄扁舟"，"抽刀断水水更流，举杯消愁愁更愁"，"巧啭岂能无本意，良辰未必有佳期"，"旧暮在天涯，天涯日又斜，莺啼如有泪，为湿最高花"。这多多少少都有屈原的影子；虽然李白说愁仍有豪气，李义山伤怀已入于脆弱和委屈了。

6. 理智与情感

孔子的理智成分比屈原大。孔子所以能够笼罩一般人者，这是一个大原因。当我们读孔子的书时，往往觉得他的理智高人一等。例如他的弟子说："富而无骄，贫而无谄，何如？"假若我们不再听孔子的说明时，就觉得这话已经很对了；但是孔子却说："可也；未若贫而乐，富而好礼者也。"我们不能不觉得这个态度却更好。又如，他的弟子说："乡人皆好之，何如？"我们以为孔子一定答复或好或不好了；但是不然，他却有进一步的看法："未可也，不如乡人之善者好之。"弟子又说："乡人皆恶之，何如？"他便又答道："未可也，不如乡人之不善者恶之！"数千载之下，也给我们无穷的启发。每当你读孔子的书时，假若你把下文盖起，自己先试着续一下以后，再看他的原文，你就不能不发现他有引你"更上一层楼"的乐趣了。颜渊说："仰之弥高，钻之弥坚，瞻之在前，忽焉在后，夫子循循然善诱人。博我以文，约我以礼，欲罢不能。既竭我才，如有所立，卓尔，虽欲从之，末由也已！"这是事实，不是形容。

孔子在当时一般普通人的心目中，也是一个知识广博，而理智过人的人物。所以当季桓子穿井得到一个像羊的怪物时，便去问孔子，但却先说得狗，这是骗骗孔子看，试他知道不。吴人得到一块大骨头，也去问孔子，并且因而问到最大的骨头怎么样，最大的人怎么样，神又怎么样。陈滑公得到一支箭，也仍然去请教孔子，看有什么来历，以及有什么历史背景。孔子每一次的答复，却都非常圆满，于是使听的人不得不说"善哉圣人"了！甚而住在达巷的小孩子也知道孔子的广博了，说："大哉孔子，博学而无所成名！"可知一般人对他的信仰是如何普遍，这信仰的重心却又如何集中在他的知识上，也就是如何偏于他的理智一面上。

孔子的时代，去现在差不多有二千五百年了，时间不可谓不久。但是当我们去看这二千五百年前的圣人的话时，却竟找（即便特意地去找）不出任何漏洞来。孔子的时代是科学还没有萌芽的时代，一般人犹然生活于迷信的氛围之中的时代，别的问题不讲，关于生死鬼神的问题，我们想孔子总该说出了有漏洞的话了吧,然而也并没有。他却只说:"未知生,焉知死?""未能事人,焉能事鬼?"生和死,人和鬼,本是一个问题。就是到现在,也只因为对于生之谜没有解决,对于人类社会的现况没有弄清楚,所以我们没法解决死之谜,也没法清楚鬼的问题。因此孔子的话,就依然是不可动摇的真理了。

我们感到孔子的理智之锐利如刀,那清晰处又如水见底。当时的人已为他的理智震惊了,后世的人也不能不永远为他的理智所慑服着。

屈原却是始终在情感里。"曾歔欷余郁邑兮,哀朕时之不当;揽茹蕙以掩涕兮,沾余襟之浪浪"(《离骚》)。"遭沉浊之污秽兮,独郁结其谁语?夜耿耿而不寐兮,魂营营而至曙"(《远游》)。李后主以泪水洗面的生活,也正是屈原所早已尝过的了。屈原像一个无从安慰的哭着的孩子。杜斯妥益夫斯基的小说里常有这样的描写,说她——一个小女孩——哭着,一直哭到疲劳,她自己睡着了。屈原亦然,他一直哭泣着,直到他得到永久的安息。

屈原几乎是一点委屈也受不了,一点缺陷也放不过的人。他要的,就须是完整的,就须是高洁的,就须是美丽的,假若其中有任何破绽,他就痛苦万分。"余既滋兰之九畹兮,又树蕙之百亩;畦留夷与揭车兮,杂杜衡与芳芷。冀枝叶之峻茂兮,愿俟时乎吾将刈,虽萎绝其亦何伤兮,哀众芳之芜秽。"众芳芜秽,是使他痛苦到不能忍受的地步的。然而他不能不幻灭了:"时缤纷其变易兮,又何可以淹留;兰芷变而不芳兮,荃蕙化而为茅。何昔日之芳草兮,今直为此萧艾也?岂其有他故兮?莫好修之害也。余以兰为可恃兮，羌无实而容长；委厥美以从俗兮，苟得列乎众芳。椒专佞以慢慆兮，樧又欲充夫佩帏；既干进而务入兮，又何芳之能祇？固时俗之流从兮，又孰能无变化？览椒兰其若兹兮，又况揭车与江离？"因为幻灭，所以便觉得不可淹留。他是一个抱有至高的理想的人，同时是对于他自己的理想极端忠实，极端守护的人。他这个理想是丝毫不能有污点的，也是丝毫不能打折扣的。宁缺毋滥(All or None)！他的个性之强像易卜生。

当然，屈原的生活是严肃的，严肃到一点幽默也没有。他的心情始终是铅重的，他虽欲轻举，但总不免"忽临睨乎旧乡"。屈原没有李白那种蔑视一切的态度："仰天大笑出门去，我辈岂是蓬蒿人"，"笑杀陶渊明，不饮杯中酒"，"落月低轩窥烛尽，飞花入户笑床空"。不错，李白之飞扬跋扈，是掩不了内心的极大苦闷的，但他毕竟有洒脱的一刹那。他苦闷，但他能在某一种机会之下，藐视这种苦闷。他看重自己，但他在偶尔的场合之下，能超越自己。屈原却不行。屈原是极端沉溺的，他沉溺在悲天悯人的伟大情感之中——他沉溺在对于自己的理想之守护与执着之中。

屈原所缺少的幽默，孔子却有的。他和弟子们曾说："予岂匏瓜也哉，焉能系而不食？"他可以和弟子开玩笑："割鸡焉用牛刀？"但是马上说："前言戏之耳。"别人说他像丧家之狗，他一点也不生气，却欣然笑道："形状末也，而谓似丧家之狗，然哉然哉！"在他困于陈蔡了，许多弟子都有愠色，只有颜渊知道他的心情，说入他的心里，但他并不浅露地加以赞赏，却只幽默地说："有是哉！颜氏之子，使尔多财，吾为尔宰。"他对于老朋友，也有对于老朋友的随便处，他曾以杖叩其胫，而且骂着说："幼而不孙弟，长而无述焉，老而不死，是为贼！"一般人虽然对于孔子的印象是"温而厉，威而不猛，恭而安"，但是孔子却也这样有风趣，这样顽皮！

幽默是什么呢？幽默乃是一个理智而有余裕时的产物，幽默乃是社交中的一种姿态。大凡接触实生活方面越多的人，体会生活越深的人，见到的人物越广的人，才越会幽默。所以林肯会幽默。反之，忧郁寡欢，离群索居的人不会幽默。孔子是能过群的生活的，并且也重视群的生活的，所以有幽默。屈原不然，所以屈原便没有幽默了。

就心理学上说，孔子的性格多少是外倾的，屈原却是内倾的。外倾的生活以理智为基础，有社交，所以孔子有幽默。内倾的生活以情感为根据，社交少，所以屈原没有幽默。——中国大部分诗人是没有幽默的。

7. 孔子之浪漫情调

我说孔子是理智发达，而且发达到在数千载之下犹令人慑服的人物，但我并不是说孔子的性格中没有情感的成分。

说真的，孔子像世界上一切伟大的人物一样，他不但有情感，而且他的情感是浓烈的。他甚而还有阴黯，神秘，深不可测，或者说反理性的一面，也就是德国人所称为魔性的（daemonisch）。这是世界上任何伟大的人格的共同点。孔子不是例外。

孔子的出语有时候便很浓重，例如："非其鬼而祭之，谄也；

见义不为，无勇也！""无求生以害仁，有杀身以成仁！""朝闻道，夕死可矣！'"天生德于予，桓魋其如予何！"都令人感到那是字字有万钧之力，决非出自一个根性清浅的人之口。

当颜渊死了时，孔子也曾痛哭过一场，他甚而不知道自己是在痛哭了。从者说："子恸矣！"他却答道："有恸乎？非夫人之为恸而谁为！"他简直叫着说："噫，天丧予！天丧予！"他的感情何尝不浓烈？到了他讨厌一个人的时候，他便会说："非吾徒也，小子鸣鼓而攻之可也。"到了他焦灼而不得分辩的时候，他便会说："天厌之！天厌之！"到了他鼓励人的时候，他便会说："当仁不让于师！"当别人说"非不悦子之道，力不足也"时，他便会给了一个十分厉害的当头棒喝："力不足者，中道而废；今汝画！"他的自负是："吾道一以贯之。"他对于音乐高了兴时，又可以三月不知肉味。我们都可看出这是一个生命力多么丰盛深厚而活跃的人物。他虽有高度的理智，但没因此涸竭了他强度的情感；正如他那强度的情感也没使他因而一发而不可收，却恰恰为他的理智所控驭然。

然而孔子的人格终有他的深度，不唯颜渊觉得他"仰之弥高，钻之弥坚"，就是子贡也说："夫子之文章，可得而闻也；夫子之言性与天道，不可得而闻也"，"譬之宫墙，赐之墙也及肩，窥见家室之好；夫子之墙数仞，不得其门而入"，"仲尼不可毁也，他人之贤者丘陵也，犹可逾也，仲尼日月也，无得而逾焉。人虽欲自绝，其何伤于日月乎？"这些深不可识，不能测度的地方，就是构成了一般人对孔子之仰望和恋慕的根由。清水没有吸引力，明白如话没有吸引力，有吸引力的是深夜，是幽谷！

孔子一方面思想很开明，但却也有一种出发自原始的生命力的信仰，这就是："文王既没，文不在兹乎？天之将丧斯文也，后死者不得与于斯文也！天之未丧斯文也，匡人其如予何！""不怨天，不尤人，下学而上达，知我者其天乎？"他又曾说："君子有三畏：畏天命，畏大人，畏圣人之言。小人不知天命而不畏也，狎大人，侮圣人之言。"他对于"天"有一种信仰，有一种依赖，冥冥之中，更若有一种契然。子曰："予欲无言！"子贡曰："子如不言，则小子何述焉？"子曰："天何言哉？四时行焉，百物生焉，天何言哉！"有人以为孔子真不讲天道，这里不是讲的天道是什么呢？孔子看见流水，就赞美着说："逝者如斯夫，不舍昼夜！"原来他有一种动力学（dynamics）的观点而去观天，他的生命力之勤奋不已，就不啻是这个动态的宇宙的一部分。天不言而万物各得其所，天不言而万物自有其跃进，万物自有其发育与长养，孔子也希望他的事业——至少在人类社会上——是能够如此的。孔子之天道，是他的人格之幽深处，于是因此而产生了《易传》中所含了的那样雄伟的宇宙哲学。

但一个伟大的人物之可爱，往往不在其与人有距离（那样只可构成敬畏，但也还得不到衷诚的敬畏），却在他与人有时没距离。这就是他须有点偏执，他须有点无理性的言行，他须犯点过错，观过而知仁，人恒过然后能改，贾波林到了旧大陆先去观光监狱，杜斯妥斯夫斯基写了《罪与罚》。可是一般人对这一点不了解，尤其中国一般人对这一点不了解。他们崇拜一个人，却是往往把他变成正方正圆，像修饰一个面容，把胡须眉毛一律剃得精光似的，填到圣庙里去吃冷猪肉去之后，就一切不问了。这样被构成的人物会伟大么？绝不会的！他的精神是贫瘠的，他的生命是枯萎的，这是图案的形式而已，毫没有内容。所幸记载孔子的言行的弟子却很高明，让我们从中看出了孔子有好些机会做了一些过失——这些过失之存在像艺术原理中所谓"缺陷的美"一样，却更增加了他的人格之崇高与博大了。

孔子露出了好名（一个真正的男性能不重视荣誉么？），他说："君子疾没世而名不称焉。"孔子露出了寂寞的痛苦（一个真正勤奋不已的人物能够不寂寞么？），他三番五次地说"不患人之不己知"，并安慰着自己说"德不孤，必有邻"。在他的弟子中，最率真而又热心的可算是子路（假若孔子是堂·吉诃德，子路就是山寇Sancho）了，孔子在子路的跟前也就表现得最无遮掩。在一次，当孔子说："衣敝缊袍，与衣狐貉者立而不耻者，其由也与？不忮不求，何用不臧！"子路以为得到夸奖，要"终身诵之"。孔子却说："是道也，何足以臧？"又有一次，孔子说："道不行，乘桴浮于海，从我者其由欤？"子路又听了高兴了，但是仍然受到了申斥："由也，好勇过我，无所取材！"当孔子弟子多人仕于卫，卫君也要得孔子为政的时候，子路便首先热心着问孔子说："卫君待子而为政，子将奚先？"孔子自然还是那一贯的主张，要施行礼的制裁——正名喽。可是子路立刻不耐烦了，说："有是哉，子之迂也，何其正也？"当面而批评孔子"迂"的，恐怕这是第一次。孔子遂立刻骂道："野哉由也！"这些地方都表现出孔子是活人，虽伟大，但不僵化。

孔子对于想实现他的理想是太热心了，有时离事实还很远，他却已经高兴得忘其所以，简直高兴得有点稚气，像一个纯真无邪的小孩子。例如，当孔子五十岁时，公山不狃以费畔季氏，使人召孔子。就局面说，这局面本来太小；就事实说，离事实还太远。可是孔子已经高兴起来了，说："盖周文武起丰镐而王，今费虽小，傥庶几乎！"又说："夫召我者，岂徒哉？如用我，其为东周乎？"他已经要当周文王、周武王，并且要建设一个周的天下了。在这地方，我说他有些堂·吉诃德的精神，因为：其热心似之，其勇气似之，其自负似之，其把利害置于度外似之，其把生活建筑于幻想上更似之。这乃是孔子性格中顶荒唐的成分。好一个可爱的堂·吉诃德！

可是这都无碍于孔子的伟大。人本来是人，人不是照着逻辑长成的。生命力的源头本来有烟，有雾，水至清则无鱼。

从这一方看，孔子精神在核心处，乃仍是浪漫的。《春秋》公羊派的思想，可能是发挥孔子这一方面的。孔子已经说"父为子隐，子为父隐"，其中有一种人情的温暖在。这却也就是公羊派中所谓"为尊者讳，为亲者讳，为贤者讳"。孔子之浓烈的情感，也就是公羊派"九世犹可以复仇乎？虽百世可也"的张本。更如孔子观殷夏所损益，曰："后虽百世可知也。"这更是公羊派三世之说的暗示和萌芽了。孟子也恰是发挥孔子之浪漫一方面的，孔子说"我欲仁，斯仁至矣"，这就是孟子"道性善，言必称尧舜"的根据。孟子所传的孔子也是一个热烈的，绝对主义的人。"道二，仁与不仁而已矣"，毫无犹豫，毫无模棱。"君子喻于义，小人喻于利"，这也就是孟子反功利的口号之来源。我曾说，孟子是因为孔子之故而收敛了的。其实孔子何尝不是收敛了的？孔子就是一个收敛了的孟子。

我常觉得，司马迁之赞美孔子乃是以一个浪漫主义者的立场而渴望着古典精神的。其实，孔子自己又何尝不是？不过孔子是成功了的而已。但孔子到了七十岁才成功了的，所以说："七十而从心所欲，不逾矩。"他的一生，可说是由浪漫而挣扎到古典的奋斗过程。从心所欲，是他根底上的浪漫主义，不逾矩就是那古典精神的外衣。——原来孔子乃是把浪漫精神纳之于古典的！

这是一个大秘密，隐藏了千余年，孟子曾经揭穿了一下，公羊派曾经揭穿了一下。宋明人却全没曾梦见。他们只见孔子是不逾矩的了，但他们忘了孔子仍有从心所欲——强烈的欲——的一方面。孔子的祖先是宋人，宋是殷后。孔子在临死时，曾对子贡说："天下无道久矣，莫能宗予。夏人殡于东阶，周人于西阶，殷人两柱间。昨暮，予梦坐奠两柱之间，予殆殷人也。"可知孔子在潜意识里，也是常忘不掉自己是殷人的。殷是一个什么民族呢？殷是一个富有宗教情绪的民族，也就是一个以浪漫精神为文化基调的民族。周民族不然，周的文化的特色，是讲数量，讲秩序，讲节制，她的精神是古典的。孔子说："周监于二代，郁郁乎文哉，吾从周。"孔子之赞美周，可说乃是以一个殷人的浪漫情调而羡慕周人的古典精神的。

就孔子精神核心处之浪漫成分言，他和屈原却又是相接近而不是相远的了。

8. 屈原与儒家

屈原也有另一方面，这另一方面乃是接近孔子的。我的意思是说，屈原不唯是一个诗人，在某种机会却也是哲人——孔子自挽时所谓"哲人其萎乎？"的哲人。

在屈原之如醉如痴的热情之中，他偶尔压不住清新而锐敏的玄想。这时便透露了他那高超卓绝的理智。他要求"拿证据来！"他要求一切合理化。他对于传说不能不怀疑："遂古之初，谁传道之？上下未形，何由考之？"他对于宇宙的意志之有无不能不探究："明明暗暗，惟时何为？阴阳三合，何本何化？"他对于天文的现象不能不问一个所以然："天何所沓？十二焉分？日月安属？列星安陈？"神话的荒唐，他不能不追询："靡萍九衢，枲华安居？一蛇吞象，厥大何如？"历史上公道的渺茫，他不能不考核："比干何逆，而抑沉之？雷开何顺，而赐封之？"在这种机会，他仿佛愿意一切澄清，一切明朗似的。他的性格本像浓郁的酒，现在却像一杯清淡的茶了。

他这种偶尔的觉醒的理智，正如孔子那种偶尔的觉醒的情感。人生是终须调和的，被压抑的部分，终会在不经意间突围而出，取得一点补偿。伟大的性格终于是完整的，表面虽若一偏，内里终有一种幽深的平衡。耀如白昼，固然好，但终须继之以朦胧的月夜。月夜亦然，白昼继之。——宇宙到底是和谐的！然而就其同者而观之，我们可以见其同；就其异者而观之，我们可以见其异；道并行而不相碍。所以，在我们看过孔子与屈原之异以后，又何妨观其同？观其同以后，又何妨见其异？

就孔子之浪漫成分看，孔子似屈原；就屈原之思辨成分看，屈原是似孔子。屈原之似孔子处，却还不止此。屈原有一种"求其在我"的精神，如《离骚》中所谓"制芰荷以为衣兮，集芙蓉以为裳；不吾知其亦已兮，苟予情其信芳"，如《涉江》中所谓"朝发枉渚兮，夕宿辰阳，苟予心其端直兮，虽僻远之何伤"，这都是只问耕耘，不问收获，只正谊明道而不谋利计功的。这个精神乃是儒家的精神。在《怀沙》中，屈原并有"重仁袭义兮，谨厚以为丰"的话，简直说起仁义来了，这简直像孟子！下面接着说"重华不可遻兮，孰知予之从容"，从容也就是孟子所谓"绰绰然有余裕"。其他如《离骚》中"夫孰非义而可用兮，孰非善而可服"，《抽思》中"善不由外来兮，名不可以虚作；孰无施而有报兮，孰不实而有获"，都令人见出屈原精神中有儒家面目！

说真的，极端和屈原精神相反的，不是儒家而是道家，不是孔子而是他在江潭上遇见的那个渔父。孔子精神上的反对者也不是屈原，而是那个唱着"凤兮凤兮，何德之衰"的歌的楚狂。高明的道家，是"蔽于天而不知人"的，他只知道"上与造物者游"了，忘了人间的悲辛。他不肯"知其不可而为之"，他不肯"余固知謇謇之为患兮，忍而不能舍也"，他只愿自己落一个清闲，他只可以做一个自了汉。下焉者的道家，却就只会"圣人为腹不为目"，"虚其心，实其腹"，脑子里糊糊涂涂而以为玄远，其实空空洞洞而以为大有道理，耽溺于物质之欲而已了。

道家和儒家是两个世界。道家终于脱不掉功利色彩，其诱惑人处不过叫人避苦就乐，如佛家然。他的眼光始终没出乎个人的圈儿，没看到庄严的人类，没看到社会。屈原也是以个人为出发的，但他有理想（对于人性有理想），又且最后的归宿仍是人类全体。道家却是不理会这些的。道家是虚无主义者、宿命主义者，一切悲观，一切讥讽。他们那里没有光，也没有热。他们甚而没有自信，"周之梦为胡蝶与？"他不敢说知道。"胡蝶之梦为周与？"他也不敢说知道。甚而也没有诚意，"俗人昭昭，我独昏昏"，"我愚人之心也哉"（《道德经》，二十章），戴假面具，装傻。屈原和道家的态度恰恰相反，挺身而出，承认"世人皆醉我独醒，世人皆浊我独清"；何必那样谦卑虚伪呢？道家中有诗人气质的是庄子，庄子比较是一个有热情的人物，但他"以天下为沉浊，不可与庄语"（《天下篇》），终于飘飘然，不肯留恋在这沉浊里了。其他人都更冷冷然，目光如豆。李白也是道家，然而李白幸而有深厚的元气淋漓的生命力，他跋扈，他飞扬，他极端超脱，却又极端沉浊，他虽然"霓裳曳广带，飘拂升天行"，但是他会忽然回顾这沉浊的尘世："俯视洛阳川，茫茫走胡兵。流血涂野草，豺狼尽冠缨。"他仍有"为苍生而一起"的幻想和热肠。人生对李白可说是苦酒，但却是有诱惑力的苦酒，他有勇气饮下去。这是李白的可爱处。普普通通的道家有什么呢？空造下数千年来冷淡的人生观，无血色的人生观，短浅的人生观，误以糊涂为奥妙的人生观，对任何"事不干己"的现象，做一个第三者，没有勇气，永远追随而不能倡导！道家是中国精神上的污点和耻辱，其斫丧中国民族的元气处，完全是不可挽赎的罪孽！

孔子不是道家，屈原也不是道家，甚而李白也没被道家的谦卑思想所完全牢笼着。道家之反对孔子，反对屈原，是无怪的。只可惜中国数千年来浸润于道家思想者已久，受病已深。民族之生机已因而不绝如缕，对于"知其不可而为之"的刚健勤奋的孔子，有谁能真正认识的呢？对于"予固知謇謇之为患兮，忍而不能舍也"的悲悯深挚的屈原，又有谁能真正与之共鸣的呢？

9. 与愚妄战

道家的态度是"未尝先人而常随人"，是"和其光而同其尘"。孔子不然，却是"和而不同"。和而不同就是仍然保持着自己特立独行的个性，而不妥协。屈原和孔子都是个性十分强的人物，他们一方面意识到这种个性，一方面却也肯去表现这种个性。

以常人与天才比，天才多半有个性，而常人无之；以男性与女性比，男性多半有个性，而女性无之。个性的反面就是具体的，就是所谓"差不多"。有人说孔子的中庸主义近于乡愿，近于歌德或尼采所诅咒的 philistine。其实不然，孔子之所攻击的，正是乡愿，正是 philistine。孔子在各处所以立不住脚，甚而身后也还为人误解，叫人不能认识他那人格之深度者，正是这些乡愿 philistine 作的祟。

孔子了解他们很清楚。孔子直然划了一个明确的阵线，一边是君子，一边是小人。孔子说："君子周而不比，小人比而不周"，"君子怀德，小人怀土；君子怀刑，小人怀惠"，"君子坦荡荡，小人长戚戚","君子成人之美，不成人之恶，小人反是","君子易事而难说也，说之不以道，不说也；及其使人也，器之。小人难事而易说也，说之，虽不以道，说也；及其使人也，求备焉","君子泰而不骄，小人骄而不泰","君子固穷，小人穷，斯滥矣","君子有三畏：畏天命，畏大人，畏圣人之言。小人不知天命而不畏也，狎大人，侮圣人之言","唯女子与小人为难养也；近之则不逊，远之则怨","君子喻于义，小人喻于利","古之愚也直，今之愚也诈而已矣","恶紫之夺朱也，恶郑声之乱雅乐也，恶利口之覆邦家者","乡愿，德之贼也","色厉而内荏，譬诸小人，其犹穿窬之盗也与"。在这里可说：给愚妄者画好了许多脸谱，孔子看他们洞若观火。孔子之疾恶如仇的浓烈情感，又在这里让我温习了一遍了。他时时在与愚妄战斗着！

孔子受到的愚妄者的压迫，不殊屈原。他说："事君尽礼，人以为谄也。"这和屈原之"固切人之不媚兮，众果以我为患"（《抽思》），"众女嫉予之蛾眉兮，谣诼谓余以善淫"（《离骚》）有何别？

屈原和愚妄者更是处于一个不能相安的地步，他所注意的是"老冉冉其将至兮，恐修名之不立"，这和孔子之"学如不及，犹恐失之"，"君子疾没世而名不称焉"是同一心情。但是一般群愚呢，却是"众皆竞进以贪婪兮，凭不厌乎求索；羌内恕己以量人兮，各兴心而嫉妒"。愚妄者总是自己不求进步，也不以别人求进步为然的，他要打击别人的进步，必欲都化为怠惰而谦卑的愚妄者而后心满意足。但愚妄者有愚妄者的小智慧，"固时俗之工巧兮，偭规矩而改错；背绳墨以追曲兮，竞周容以为度。"屈原和愚妄者之不能妥协，在第三者也看出来了，所以他的姊姊说他："女何博謇而好修兮，纷独有此姱节？薋菉葹以盈室兮，判独离而不服？"本来，在普通人看来，佩萧艾不是一样佩么，何必一定要佩兰蕙？但是屈原却不行，他看得异常郑重，异常不苟。也苦恼的是，他所宝爱的美好的对象，在一般群愚偏偏轻视，偏偏任其荒芜，偏偏加以摧残。

孔子说："道不同不相为谋。"屈原说："何方圆之能周兮，夫孰异道而相安？"这体会完全相同。我想在和愚妄者战斗的这一点上，恐怕孔子最可以了解屈原，屈原也最可以了解孔子了。

愚妄者的势力虽大，但并不足以动摇他们健拔坚贞的性格之丝毫。颜渊所了解的孔子是："不容何病？不容，然后见君子。"屈原所自己表现的是："亦予心之所善兮，虽九死其犹未悔。"

孔子与屈原的价值却不在只把愚妄者划入一个圈里而与之战斗，它不在保持了自己的高洁而不与之同流合污，却尤在并不因此冷淡了救世的心肠，一方面恨这些群愚，但一方面仍想改造他们。孔子是"有教无类"的，而且树下数千年的楷模，想把一切人类变好。屈原则由痛恨愚妄而发挥了伟大普遍的悲悯同情，他一方面虽然说"心不同兮媒劳"（《湘君》），虽然说"人之心不与吾心同"（《抽思》），但他终有"哀众芳之芜秽""哀民生之多艰"的胸襟，而且原谅着说"何昔日之芳草兮，今直为此萧艾也？岂其有他故兮，莫好修之害也"（《离骚》）；最后，反把自己的遭逢之不幸看轻到不必一顾的地步，"与前世而皆然兮，吾又何怨乎今之人"(《涉江》)！他最初像一个严厉的父亲一样，把人类责骂得汗流浃背；但最后他又如一个慈祥的母亲，原谅了儿子的一切，自己在哭泣中了！

10. 几点对照

　　孔子与屈原终于是有好些点可以对照的。假若撇开孔子之内心的潜藏的幽深处看，假若撇开屈原之偶尔透露的哲人的锐敏理智处看，我们说孔子是古典的，屈原是浪漫的，大概没有错；我们说孔子是理智的，屈原是情感的，也没有错。

　　孔子是古典的，所以不赞成怪力乱神，但这却正是屈原所取材最多的创作源头。孔子是古典的，所以主张"乐而不淫，哀而不伤"，主张"思无邪"，主张"雅言"，羡慕"郁郁乎文哉"的周，赞美"文质彬彬"的君子，自己的人生造诣是"从心所欲，不逾矩"。可是屈原呢，他不能有这些节制，他也不能维持到这样和谐的状态。代表孔子精神的，是那样整整齐齐的《诗经》，代表屈原精神的，是那样参参差差的《楚辞》。——这两者是奠定了中国文学史的两大基石。

　　和孔子的文化息息相通的，是浑朴的周代鼎彝，是汉代的玉器，是晋人的书法，是宋人的瓷。单纯而高贵，雅！

　　和屈原的文化息息相通的，是汉人的漆画，是司马迁的文章，是宋元人的山水。雄肆而流动，奇！

　　以绘画与音乐比，屈原是绘画的，他有所铺张，他那里有优美的色彩，他自己也能欣赏画，所以看着那楚国先王庙宇中的壁图便作《天问》了。孔子却是音乐的，他的精神是凝聚的，是向内收敛的，他那里有刚健的韵律，他所欣赏的是音乐，所以听《韶》而至于三月不知肉味。

以男性与女性比，屈原是女性的，他有太锐感的感受力，他爱女性，他也喜欢自居为女性。孔子却是男性的，很少谈到女性，谈到时也并无好感，他自己更不会居于女性。"知其不可而为之"，这是男性的气概；"忍而不能舍也"，这是女性的心肠。

孔子不是纯粹的文学家（虽然他有带着丰美的词藻的格言），但他影响到中国文学领域上的却很大，虽然这影响未必好；载道的古文，动辄以"乐而不淫，哀而不伤"的教条来束缚人的批评，都不能不说受影响于孔子；子不语怪力乱神，因此中国的小说戏曲都迟发达了好几百年。但这是影响，与孔子本身的价值无关。

屈原是一个纯粹的诗人，可是在中国文学史上的影响并没有发挥到应有的地步。堆垛的辞赋，不配称作屈原的继承人。精神上接近屈原的，我找来找去，只有李白和李商隐，但也都不纯粹。但这与屈原本身价值之永久性也无关。

孔子是被误解了，屈原则根本不被人了解着。规行矩步的迂儒，不是孔子。沾沾于一家一姓的奴才，不是屈原。——我们愧对这照耀着民族史乘的两个巨人！

11. 中国人伦之极峰

假若有人问我：孔子与屈原，谁高谁下呢？我说，都高，但是没有谁下。一切伟大的天才是平等的，孔子与屈原平等！

喀莱尔（Thomas Carlyle）说他们英国人在科学方面有牛顿，在文学方面有莎士比亚，所以英国人究竟是可以自傲的。我也可以说，在我们的哲人中有孔子，在我们的诗人中有屈原。孔子可以比柏拉图而无愧色，屈原可以比但丁、歌德、莎士比亚而并驾齐驱。我们不也是可以自傲的么！

孔子和屈原是中国精神史上最伟大的纪念像，是中国人伦之极峰。孔子代表我们民族的精神（der deist），屈原代表我们民族的心灵（die seele）！我们民族是幸福的。

三十年四月十五日

孔子和《论语》

孔子（公元前五五一至前四七九年）是初期儒家的代表人物。这时还是春秋时代，而且是狭义的春秋时代。社会上的变动是有了，但还不剧烈。因此，作为士阶层的代表者的孔子也便是一个新旧之间的人物。他对旧的有所留恋，例如他说"甚矣吾衰也，久矣吾不复梦见周公"（《述而》，五）。他对新的也有所希望，例如他很想参加一些政变，晋国范氏的家臣佛肸以中牟叛，他想去（《阳货》，七），公山弗扰以费叛（《阳货》，五），他也想去，虽然都经过子路的反对，事实上他也没去，但总见出他是有改革的念头的。由于当时的社会变动还不剧烈，由于他自己饱经世故的理智锻炼，尤其由于他的阶级的限制，他对于任何事是采取一种保留的、慎重的、不彻底、不明朗的态度。在哲学的根本问题上，他避免作肯定的答复，"未知生，焉知死"，"未能事人，焉能事鬼"（《先进》，十二）。他一方面说"天何言哉？四时行焉，百物生焉"（《阳货》，十九），好像是一个唯物论者，好像是一个人格神的反对者，但另一方面却也说"获罪于天，无所祷也"（《八佾》，十三），"天生德于予"（《述而》，二十三），就仍露出了他依然有人格神的信仰。这处处见出他是一个新旧之间的过渡人物。因此，他的思想体系是相当有弹性的，也就因此，他的思想体系容易被后人利用，各人可以找到满足自己的一部分。我们认为，就当时的社会情况看，他的思想也该是表现这样的阶段。过誉过毁都是不必要的。

然而就是很平实地看去，孔子仍是有很大贡献的。由于社会阶层的变动，他提出了代表人道主义精神的"仁"，就当时说，在抬高人的地位上，是有进步意义的。"始作俑者，其无后乎"（《孟子·梁惠王上》，四），可见他反对屠杀奴隶的人殉，并反对含有人殉的意识的存在。由于"士"这个阶层的出现，他为这个阶层规定了一些道德范畴，也想出了一些必备的条件，在一定的历史阶段，自有它的推动作用。是孔子把教育事业的范围扩大了，他虽然并没有把受教育的机会开放给所有的人，但"自行束脩以上，吾未尝无诲焉"（《述而》，七），在一定程度上是做到"有教无类"（《卫灵公》，三十九）的，这对以往的教育为贵族所专有而现在开放给一般自由民说，就是一个极大的革新。同时他又是一个"循循然善诱人"（像颜渊所称道他的，见《子罕》，十一）的教育实践家，他重启发，他尊重个性，他"学而不厌，诲人不倦"（《述而》，二），他"发愤忘食，乐以忘忧，不知老之将至"（《述而》，十九），乐观积极，够得上一个教育工作者的楷模。因为他对哲学问题采取保留的态度，把兴趣放在历史上，"好古敏以求之"（《述而》，二十），"吾犹及史之阙文"（《卫灵公》，二十六），"多闻缺疑"（《为政》，十八），这对于史学的发达上和文献的保存上，功绩也是很大的。他自己又亲手编订了一部大事提要式的《春秋》。作为一个开山的历史家，他可以当之无愧。在文学艺术上，因为他看重音乐，也懂得音乐，含有大部分民歌的《诗经》之所以能够保留并得到尊重，和他的提倡并作为教材也是分不开的。——孔子在历史上的地位就是如此。

记载孔子的言行的书主要的是《论语》，《论语》未必是成自一手，但大部分可能是曾子的门人整理的（参看柳宗元说）。曾子死于公元前四三六年，书中记到曾子的死，所以这书的编成应该在公元前四三六年以后。《论语》是孔子及其周围（包括反对孔子的人）的生动活泼的记录。文字是那样简单，但已经能够传达丰富的思想感情，例如"子在川上曰：逝者如斯夫，不舍昼夜！"（《子罕》，十七）这是多么简练含蓄！它已经能够刻画人物，像写子路的直率、子贡的聪明、颜渊的谦虚，都是非常成功的。孔子和子路的对照，就宛然像《吉诃德先生传》中的堂·吉诃德和山寇一样，也像《水浒传》中的宋江和李逵一样。《侍坐》一章（《先进》，二十六）是典型的刻画人物的一个好的短篇。由于孔子讲究辞藻，记载孔子的话处也往往富有形象性，而耐人寻味，像"岁寒，然后知松柏之后凋也"（《子罕》，二十八），"苗而不秀者，有矣夫；秀而不实者，有矣夫"（《子罕》，二十二），都是意义深刻、富有暗示性而又有形象化的辞藻的。

《论语》是用对话体写的一部最早的书，也是十分成功的一部书。

《论语》中记载了《凤兮歌》，让我们见到最早的楚辞的形式。

《论语》最好的注释本是清刘宝楠的《论语正义》。

司马迁和孔子

1. 教育之效

身为道家的司马谈给了他儿子的教育却是儒家的,勉励儿子却是做第二个孔子。这好像很奇怪了,其实完全是时代转变的结果。在时代转变中的人,往往如此,就像清末民初的人,自己也许还在作摇头摆尾的桐城派的古文或骈俪的选体,但对儿子就或者送他入新学校,受新教育,学科学,甚而练梁任公式的新文体了!

司马迁的青年时代,已是儒学大盛,"黄老"有点过去的时代了,所以他父亲便也设法给他受新教育,并且鼓励他做一个新时代中的大学者。

这教育奏了效。司马迁虽然在本质上是浪漫的,虽然在思想上也还留有他父亲的黄老之学的遗泽,可是在精神上却留有一个不可磨灭的烙印,对儒家——尤其孔子,在了解着,在欣赏着,在崇拜着了。

2.司马迁对孔子之崇拜

在整个《史记》一部书里,征引孔子的地方非常之多:

孔子曰:"殷路车为善,而色尚白。"
——《殷本纪赞》

孔子言:"必世然后仁,善人之治国百年,亦可以胜残去杀。"诚哉是言!
——《孝文本纪赞》

或问禘之说,孔子曰:"不知;知禘之说,其于天下也,视其掌。"
——《封禅书》

孔子言太伯可谓至德矣:"三以天下让,民无得而称焉。"
——《吴太伯世家赞》

余闻孔子称曰:"甚矣鲁道之衰也,洙泗之间,龂龂如也。"
——《鲁周公世家赞》

孔子称:"微子去之,箕子为之奴,比干谏而死,殷有三仁焉。"

——《宋微子世家赞》

余以为其人,计魁梧奇伟,至见其图,状貌如妇人好女;盖孔子曰:"以貌取人,失之子羽。"留侯亦云!

——《留侯世家赞》

孔子曰:"伯夷、叔齐,不念旧恶,怨是用希。求仁得仁,又何怨乎?"

——《伯夷列传》

子曰:"道不同,不相为谋,亦各从其志也。故曰:富贵如可求,虽执鞭之士,吾亦为之。如不可求,从吾所好。岁寒,然后知松柏之后凋。……君子疾没世而名不称焉。"

——《伯夷列传》

夫子罕言利者,常防其原也。故曰:"放于利而行,多怨。"

——《孟子荀卿列传》

孔子之所谓"闻"者,其吕子乎!

——《吕不韦列传赞》

仲尼有言，"君子欲讷于言而敏于行"，其万石、建陵、张叔之谓邪！

——《万石张叔列传赞》

孔子称曰："居是国，必闻其政。"田叔之谓乎！

——《田叔列传赞》

孔子闵王路废而邪道兴，于是论次诗书，修起礼乐。适齐闻《韶》，三月不知肉味。"自卫返鲁，然后乐正，雅颂各得其所。"世以混浊莫能用。是以仲尼干七十余君无所遇。曰："苟有用我者，期月而已矣。"西狩获麟，曰："吾道穷矣！"

——《儒林列传》

孔子曰："导之以政，齐之以刑，民免而无耻；导之以德，齐之以礼，有耻且格。"

——《酷吏列传》

孔子曰："六艺于治，一也。"

——《滑稽列传》

子曰："我欲载之空言，不如见之于行事之深切著明也。"

——《太史公自序》

这些话有的是引自《春秋纬》，有的是引自《礼记》，有的是现在已不晓得出处，但大部分是援用《论语》——最可靠的孔子的语录。又有很多地方，他却已经把《论语》的成句，熔铸成自己的文章了。

很妙的是，司马迁已经把孔子当作唯一可以印证的权威，例如说田叔，就用"居是国，必闻其政"，说万石、张叔，就用"君子欲讷于言而敏于行"，有时甚而自己不加判断，直以孔子的话作为自己的代言，如"殷有三仁""太伯可谓至德"了。

司马迁以他那卓绝的天才的文笔，又常常袭用孔子的话，使人不觉，而且用得巧。子张问："十世，可知也？"子曰："殷因于夏礼，所损益可知也；周因于殷礼，所损益可知也。其或继周者，虽百世可知也。"这本来是说文化上的演变法则的，可是在司马迁愤憎佞幸的时候却也说："甚哉爱憎之时，弥子瑕之行，足以观后人佞幸矣——虽百世可知也！"

孔子本来说，"富而可求也，虽执鞭之士，吾亦为之；如不可求，从吾所好"，这是代表一种冲淡的胸怀的。可是在司马迁描写了"晏子为齐相，出，其御之妻，从门间而窥其夫。其夫为相御，拥大盖，策驷马，意气扬扬，甚自得也。既而归，其妻请去。夫问其故，妻曰：'晏子长不满六尺，身相齐国，名显诸侯，今者妾观其出，志念深矣，常有以自下者。今子长八尺，乃为人仆御，然子之意，自以为足，妾是以求去也。'其后夫自抑损，晏子怪而问之，御以实对，晏子荐以为大夫"以后，就说："假令晏子而在，余虽为之执鞭，所忻慕焉！"一方面袭用孔子语，一方面却配合这个故事，文笔多么巧！

司马迁的精神,仿佛结晶在孔子的字里行间了,仿佛可以随意携取孔子的用语以为武器而十分当行了,所以当他褒贬吕不韦时,只用一个字,就是"孔子之所谓'闻'者,其吕子乎!"原来孔子所谓"闻",乃是包含"色取仁而行违,居之不疑",和"直而好义,察言而观色,虑以下人"的"达"是正对待的。司马迁的褒贬够经济!其养育于孔子精神中者,够凝炼!

孔子的教化是有着人情的温暖和雍容博雅的风度的,这也让司马迁发生一种明显的共鸣。司马迁在《卫康叔世家》的赞里说:"余读世家言,至于宣公之太子,以妇见诛,弟寿争死以相让,此与晋太子申生,不敢明骊姬之过同。——俱恶伤父之志,然卒死亡,何其悲也!或父子相杀,兄弟相灭,亦独何哉?"这有人伦的至性的感慨在!司马迁在《汉兴以来诸侯年表》的序里又说:"殷以前尚矣!周封五等,公侯伯子男,然封伯禽、康叔于鲁卫,地各四百里,亲亲之义,褒有德也。"这儒家的亲亲之义,也是司马迁所深深体会的。

雍容博雅的风度,就是孔子所理想的人格——君子。司马迁也每每称君子:

> 故文帝时,会天下新去汤火,人民乐业,因其欲然,能不扰乱,故百姓遂安。自年六七十翁,亦未尝至市井,游敖嬉戏,如小儿状,孔子所谓有德君子者邪?
>
> ——《律书》

延陵季子之仁心，慕义无穷，见微而知清浊。呜呼，又何其闳览博物君子也。

——《吴太伯世家赞》

甘罗年少，然出一奇计，声称后世，虽非笃行之君子，然亦战国之策士也。方秦之强时，天下尤趋谋诈哉！

——《樗里子甘茂列传赞》

蒯成侯周緤，操心坚正，身不见疑，上欲有所之，未尝不垂涕，此有伤心者；然可谓笃厚君子矣。

——《傅靳蒯成列传赞》

塞侯微巧，而周文处谄，君子讥之，为其近于佞也。然斯可谓笃行君子矣。

——《万石张叔列传赞》

余与壶遂定律历，观韩长孺之义，壶遂之深中隐厚，世之言梁多长者，不虚哉！壶遂官至詹事，天子方倚以为汉相，会遂卒；不然，壶遂之内廉行修，斯鞠躬君子也。

——《韩长孺列传赞》

所谓有德，所谓闳览博物，所谓笃行，所谓深中隐厚，所谓内廉行修，都是君子一义的内涵，活画出一个有教养，有性情，有含蓄，有风度的理想人格来。这是孔子的理想人格，也是司马迁的理想人格。人格的衡量，这君子的标准就是尺度，司马迁受孔子的精神影响有多么深！

司马迁在《孔子世家》的赞里说："自天子王侯，中国言六艺者，折中于夫子。"别人折中于夫子与否，我们不敢说，但他自己却确是如此了。而且，也不只在谈六艺时如此，就是对于一般人物的品评，对于大小事物的看法，也几乎总在骨子里依孔子的标准为试金石。他直然以孔子的论断作自己的论断处不必说了，此外如说"鲁连其指意虽不合大义"，大义是什么呢？也无非用孔子的尺度，而居高临下地看，而见其如此而已。"考信于六艺"，是司马迁所拳拳服膺的，在六艺之中，而"折中于夫子"，尤其是司马迁所实行着的。他心悦诚服地说："《诗》有之，'高山仰止，景行行止，虽不能至，然心向往之。'余读孔氏书，想见其为人。适鲁，观仲尼庙堂，车服礼器，诸生以时习礼其家，余祗回留之，不能去云。"其中有纯挚的依恋，仰慕的情感在着。假若说司马迁是孟子之后，孔子的第二个最忠诚的追随者，大概谁也不能否认了吧！

3. 司马迁在性格上与孔子之契合点及其距离

儒家的真精神是反功利，在这点上，司马迁了解最深澈，也最有同情。

《孔子世家》里记载孔子厄于陈蔡，粮也绝了，跟随的人也病得起不来了，子路已经发脾气，子贡已经不能忍耐，于是孔子用同样的"《诗》云，'匪兕匪虎，率彼旷野。'吾道非耶？吾何为于此"的问话来开导弟子。子路在这时是最动摇的，他便说："意者吾未仁耶？人之不我信也；意者吾未知耶？人之不我行也。"孔子给他当头一棒："有是乎！由！譬使仁者而必信，安有伯夷、叔齐？使智者而必行，安有王子比干？"子贡对孔子的信仰稍为坚定一点，但也觉得和现实未免有些脱节，于是也说："夫子之道至大也，故天下莫能容夫子，夫子盖少贬焉？"殊不知孔子的真精神就在不顾现实上，所以孔子也不满意，因而驳斥他道："赐！良农能稼而不能为穑，良工能巧而不能为顺，君子能修其道，纲而纪之，统而理之，而不能为容。今尔不修尔道而求为容，赐！尔志不远矣！"可见他们两人都不能了解孔子。最后却只有颜渊说得好："夫子之道至大，故天下莫能容。虽然，夫子推而行之，不容何病？不容，然后见君子。夫道之不修也，是吾丑也；夫道既已大修而不用，是有国者之丑也。不容何病？不容，然后见君子！"这种只问耕耘，不问收获，只求在己，不顾现实的精神，才是孔子的真正价值。所以孔子不能不很幽默地加以赞许了："有是哉，颜氏之子，使尔多财，吾为尔宰！"

这个故事有意义极了，孔子的真精神在这里，儒家的全部精华在这里！不错，孔子因为不顾现实，直然空做了一个像堂·吉诃德式的人物而失败了，然而是光荣的失败，他的人格正因此而永恒地不朽着！

司马迁便是最能在这个地方去把握孔子，并加以欣赏的。一篇整个的《孔子世家》，正是这样一个伟大的人格之光荣的失败的记录。孔子一方面有救世的热肠，然而另一方面绝不轻于妥协，他热衷，但是绝不苟合。他的热心到了天真的地步，公山不狃拿小小的费这个地方要造反，想召孔子，孔子就高兴得小题大做地说："夫召我者，岂徒哉？如用我，其为东周乎？"已经想建立一个东方的大周帝国了！然而他并没有真去。（《史记》上在这种地方写得好！）而且后来他到任何地方，都是走得极为干脆。——司马迁是能够为一个伟大人物的心灵拍照的！

反功利是孔子精神的核心。说来好像很容易，其实是非常难能的，尤其在一个热心救世如孔子的人更难能。小己利害，容易冲得开，大题目一来，便很少有人能像孔子那样坚定了。救世是一个最大的诱惑，稍一放松，就容易不择手段，而理论化，而原谅自己了！孔子偏不妥协，偏不受诱惑，他不让他的人格有任何可袭击的污点。司马迁最能体会孔子这伟大的悲剧性格。

> 驺子重于齐；适梁，梁惠王郊迎，执宾主之礼；适赵，平原君侧行撇席；如燕，昭王拥彗先驱，请列弟子之座而受业，筑碣石宫，身亲往师之，作《主运》；其游诸侯，见尊礼如此，岂与仲尼菜色陈蔡，孟轲困于齐梁同乎哉？故武王以仁义伐纣而王，伯夷饿不食周粟，卫灵公问陈而孔子不答，梁惠王谋欲攻赵，孟轲称太王去邠，此岂有意阿世俗苟合而已哉？持方柄欲内圆凿，其能入乎？
>
> ——《孟子荀卿列传》

> 周衰，礼废乐坏，大小相逾。管仲之家，兼备三归，循法守正者见侮于世，奢溢僭差者谓之显荣。自子夏，门人之高弟也，犹云出见纷华盛丽而说，入闻夫子之道而乐，二者心战，未能自决，而况中庸以下，渐渍于失教，被服于成俗乎？孔子曰："必也正名！"于卫，所居不合。仲尼没后，受业之徒，沉湮而不举，或适齐楚，或入河海，岂不痛哉！
>
> ——《礼书》

这其中都有极深的了解和极大的同情。只有站在反功利上，才明白孔子何以称三以天下让的太伯为至德，才明白孔子何以称"微子去之，箕子为之奴，比干谏而死"为殷有三仁，才明白老子斤斤于无益于身的事，比起孔子来，虽高明，但实则多么渺小！

也只有站在反功利上，才明白司马迁为什么在列传之中先叙述的是伯夷（《自序》上称他：末世争利，维彼奔义），才明白司马迁为什么把布衣的孔子升入了世家，才明白司马迁为什么很感慨地叙述了刎颈交的张耳、陈余终于以利相仇，才明白司马迁为什么很赏识商鞅、李斯的才干，却只因为他们主张不坚定（商鞅对孝公既说王道，又改霸道，李斯则惧祸重爵，苟合赵高），只因为他们单为现实而求售，而取容，遂不能不放在一个较低的估评而鄙夷着了。

司马迁彻头彻尾的反功利精神，反现实精神，不以成败论英雄的态度，都有深深的孔子的影子。这是他们精神的真正契合处。

可是他们并不是没有距离的，这就是：孔子看到现实的不可靠，遂坚定自己的主张，而求其在我，因而坦然地安静下去了。司马迁则不然，现实既不可靠，自己虽站在反抗的地位，然而他没有平静下去，却出之以愤慨和抒情。他们同是反功利，孔子把力量收敛到自身了，司马迁却发挥出去。因为同是反功利，所以司马迁对孔子能够从心里欣赏，而向往着，却又因为有屑微的差异，所以司马迁只可以羡慕，而不能做到孔子——在激荡的惊涛骇浪之中，只有对于一个不可及的平静如镜的湖面在羡慕着了！

4.司马迁对六艺之了解

毕竟孔子是哲人，司马迁是诗人，在性格上司马迁没法做第二个孔子！

可是在事业上——尤其在由司马迁的眼光中所看到的孔子的事业上，却是可以继承的。

司马迁所认为的孔子的大事业是什么呢？这就是论述六艺。下面都是司马迁讲到孔子和六艺的关系的地方：

> 周室既衰，诸侯恣行，仲尼悼礼废乐崩；追修经术，以达王道，匡乱世，反之于正，见其文辞，为天下制仪法，垂六艺之统纪于后世。
> ——《太史公自序》

> 孔子布衣传十余世，学者宗之，自天子王侯，中

国言六艺者,折中于夫子,可谓至圣矣。

——《孔子世家赞》

于咸宣之际,孟子、荀卿之列,咸遵夫子之业而润色之,以学显于当世。及至秦之季世,焚《诗》《书》,坑术士,六艺从此缺焉。

——《儒林列传》

缪公立三十九年而卒,其后百有余年,而孔子论述六艺。

——《封禅书》

几乎一提到孔子,就不能放过六艺,几乎所谓"夫子之业",就只有六艺的文化传统的负荷可以概括,六艺当然是总名,分而言之,就是《诗》《书》《礼》《乐》《易》《春秋》。这个次第是今文学家的次第,《史记》中《儒林列传》所序的次第就是这样的,原来司马迁在文字上虽然学古文,但经学思想上却是今文派的。

六艺并不是六种技术,实在是代表六种文化精神或六种类型的教养。司马迁在这方面,或则征引孔子的话,或则自己加以消化和了解,那意义是这样的:

孔子曰:"六艺于治一也。《礼》以节人,《乐》以发和,《书》以道事,《诗》以达意,《易》以神化,《春秋》以道义。"

——《滑稽列传》

夫《春秋》上明三王之道，下辨人事之纪，别嫌疑，明是非，定犹豫，善善恶恶，贤贤贱不肖，存亡国，继绝世，补敝起废，王道之大者也。《易》著天地阴阳，四时五行，故长于变；《礼》经纪人伦，故长于行；《书》记先王之事，故长于政；《诗》记山川溪谷，禽兽草木，牝牡雌雄，故长于风；《乐》，乐所以立，故长于和；《春秋》辨是非，故长于治人。是故《礼》以节人，《乐》以发和，《书》以道事，《诗》以达意，《易》以道化，《春秋》以道义。

——《太史公自序》

从这里看起来，《礼》是一种"社会生活"的规律，《乐》是一种"情感生活"的轨道，《诗》是一种"表现生活"的指南，《书》是一种"历史生活"的法则，《春秋》是一种裁判的圭臬，《易》是一种通权达变的运用。合起来，是一整个的人生，既和谐，又进取；既重群体，又不抹杀个性；既范围于理智，又不忽视情感；既有律则，却又不致使这些律则僵化，成为人生的桎梏。在古代人心目中，的确觉得六艺是完全的，是天造地设的，是不能再有所增加，也不能再有所减少的了；别说古代人，就是在现代的我们看了，在小地方或有可议，但就大体论，我们也不能不惊讶古代人的头脑之细，目光所烛照之远，所以也就无怪司马迁是完全被这优越的文化的光芒所降伏或者陶醉了！

六艺在精神上是六种文化教养，具体的表现则为六经，司马迁援用六经作为根据的地方也非常之多：

> 《易》基乾坤，《诗》始《关雎》，《书》美釐降，《春秋》讥不亲迎，夫妇之际，人道之大伦也，《礼》之用，唯婚姻为兢兢；夫乐调而四时和，阴阳之变，万物之统也，可不慎与？
>
> ——《外戚世家》

这是总起来依据六经，以说明夫妇在人伦中之重要的。分别援用的则有：

> 余以《颂》次契之事，自成汤以来，采于《书》《诗》。
>
> ——《殷本纪》

> 农工商交易之路通，而龟贝金钱刀布之币兴焉。所从来久远，自高辛氏之前尚矣，靡得而记云。故《书》道唐虞之际，《诗》述殷周之世。
>
> ——《平准书》

> 夫学者载籍极博，犹考信于六艺，《诗》《书》虽缺，然虞夏之文可知也。
>
> ——《伯夷列传》

> 自《诗》《书》称三代"戎狄是应，荆荼是征"。
>
> ——《建元以来侯者年表序》

余每读《虞书》，至于君臣相敕，维是几安，而股肱不良，万事堕坏，未尝不流涕也。成王作颂，推己惩艾，悲彼家难，可不谓战战恐惧，善守善终哉！

——《乐书》

夫神农以前，吾不知已，至若《诗》《书》所述，虞夏以来，耳目欲极声色之好，口欲穷刍豢之味，身安逸乐，而心夸矜，势能之荣，使俗之渐民久矣。

——《货殖列传》

这都是《诗》《书》并引，大致是征信之用，认为《诗》《书》是可靠的最早史料，应该取为依据。所以然者，在司马迁看，孔子是最早而且最伟大的历史家，《书》是孔子编次的，《诗》是孔子删取的，自然是最可珍视了。司马迁又说："夫《诗》《书》隐约者，欲遂其志之思也。"（《太史公自序》）这却是说明《诗》《书》之性质，又终有苦闷的象征的背景。至于《史记》中：

周道缺，诗人本之衽席，《关雎》作，仁义陵迟，《鹿鸣》刺焉。

——《十二诸侯年表序》

则是专门对于《诗》的了解，认为《诗》仍是以儒家精神——人伦——为出发，人伦的道理的崩溃，乃是《诗》由抒情而变为讽刺的枢纽。

《大雅》言王公大人而德逮黎庶,《小雅》讥小己之得失,其流及上,所以言虽外殊,其合德一也。相如虽多虚辞滥说,然其要归,引之节俭,此与《诗》之风谏何异?

——《司马相如列传赞》

这是根据诗教以评论后世文章,司马迁认为《诗》总有讽谏的作用。司马迁叙述读《诗》后的感印的,则有:

召公奭可谓仁矣,甘棠且思之,况其人乎?
——《燕召公世家赞》

司马迁有时赋《诗》断章,借为代言:

《诗》有之,"高山仰止,景行行止,虽不能至,然心向往之。"余读孔氏书,想见其为人。适鲁,观仲尼庙堂,车服礼器,诸生以时习礼其家,余祗回留之,不能去云。

——《孔子世家赞》

更有时借《诗》为评论的权威:

《诗》之所谓"戎狄是膺,荆舒是惩",信哉是言也。淮南、衡山,亲为骨肉,疆土千里,列为诸侯,

> 不务遵蕃臣职,以承辅天子,而专挟邪僻之计,谋为畔逆,仍父子再亡国,各不终其身,为天下笑:此非独王过也,亦其俗薄,臣下渐靡使然也。夫荆楚僄勇轻悍,好作乱,乃自古记之矣。
>
> ——《淮南衡山列传赞》

难得的是司马迁对于《诗》的总认识则又有:"《诗》三百篇,大抵圣贤发愤之所为作也。"(《太史公自序》)他终于以文学家的立场,而还这部古代诗歌总集一个抒情的本来面目。在那乌烟瘴气的经生见地中,这不啻是一个照彻万里的灯塔!

专论到《书》的,则有:

> 孔子之时,周室微,而礼乐废,诗书缺;追迹三代之礼,序书传,上纪唐虞之际,下至秦缪,编次其事。曰:"夏礼吾能言之,杞不足征也;殷礼吾能言之,宋不足征也。文献不足故也,足则吾能征之矣。"观殷夏所损益,曰:"后虽百世,可知也。"以一文一质,"周监二代,郁郁乎文哉!吾从周。"故《书传》《礼记》自孔氏。
>
> ——《孔子世家》

这是说明"书"不但是一种史,而且是有一种文化的传统之理解在。礼本是社会与个人的关系的定规,《书》便恰恰是和礼相配合,而记录着这种关系的变迁的。这样一来,礼的意义便充实了,书的意义也扩大并提高了。其他像：

  《书》曰："协和万国。"迁于夏商，或数千岁。盖周封八百，幽厉之后，见于《春秋》。《尚书》有唐虞之侯伯，历三代千有余载，自全以蕃卫天子。岂非笃于仁义，奉上法哉？

——《高祖功臣侯年表序》

  言九州山川，《尚书》近之矣，至《禹本纪》《山海经》所有怪物，余不敢言之也。

——《大宛列传赞》

  《夏书》曰："禹抑鸿水，十三年，过家不入门。陆行载车，水行载舟，泥行蹈毳，山行即桥，以别九州。随山浚川，任土作贡。通九道，陂九泽，度九山。然河灾衍溢，害中国也尤甚，唯是为务。故道河自积石，历龙门，南到华阴，东下砥柱，及孟津、雒汭，至于大邳。于是禹以为河所从来者高，水湍悍，难以行平地，数为败，乃厮二渠以引其河，北载之高地，过降水，至于大陆，播为九河，同为逆河，入于勃海。"九川既疏，九泽既洒，诸夏艾安，功施于三代。

——《河渠书》

这都是援用《书经》之文，或则加以熔铸的。《史记》中援用了经文，而泯却了痕迹的，那就更多了。

> 《书》曰："不偏不党，王道荡荡，不党不偏，王道便便。"张季、冯公近之矣。
> ——《张释之冯唐列传赞》

这就又是拿《书经》作为衡量的尺度了。

礼和乐，司马迁也有他很深澈的了解和发明。这是见之于《礼书》和《乐书》之首：

> 洋洋美德乎！宰制万物，役使群众，岂人力也哉！余至大行礼官，观三代损益，乃知缘人情而制礼，依人性而作仪，其所由来尚矣。人道经纬万端，规矩无所不贯。诱进以仁义，束缚以刑罚，故德厚者位尊，禄重者宠荣，所以总一海内，而整齐万民也。人体安驾乘，为之金舆错衡，以繁其饰；目好五色，为之黼黻文章，以表其能；耳乐钟磬，为之调谐八音，以荡其心；口甘五味，为之庶羞酸咸，以致其美；情好珍善，为之琢磨圭璧，以通其意。故大路越席，皮弁布裳，朱弦洞越，大羹玄酒，所以防其淫侈，救其雕敝。是以君臣朝廷，尊卑贵贱之序，下及黎庶，车舆衣服，宫室饮食，嫁娶丧祭之分，事有宜适，物有节文。
> ——《礼书》

> 佚能思初，安能唯始，沐浴膏泽，而歌咏勤苦，非大德谁能如斯？传曰："治定功成，礼乐乃兴。"海内人道益深，其德益至，所乐者益异。满而不损则溢，盈而不持则倾，凡作乐者，所以节乐。君子以谦退为礼，以损减为乐，乐其如此也。以为州异国殊，情习不同，故博采风俗，协比声律，以补短移化，助流政教，天子躬于明堂临观，而万民咸荡涤邪秽，斟酌饱满，以饰厥性。故云《雅》《颂》之音理而民正，嘄嗷之声兴而士奋，郑卫之曲动而心淫。及其调和谐合，鸟兽尽感，而况怀五常，含好恶，自然之势也。
>
> ——《乐书》

司马迁对于礼，可说赞美极了，称为"洋洋美德"，称为"岂人力也哉"！简直把它神秘化，而以为能"宰制万物，役使群众"了。"缘人情而制礼，依人性而作仪"，也可说是最中肯地对于礼的理解。礼无非是人情，正是儒家所谓"人情之所不能免也"。把人情（包括欲望）放在适当的地位，不是阻遏而是节制，并且让它有适当的发泄，这是礼的真意义，也是儒家的大功绩。像司马迁的父亲司马谈所认识的，好像只是"序君臣父子，夫妇长幼之别"似的，就未免仍旧有点皮相了。我敢说司马迁之认识和理解儒家，尤有超过于其父者。然而那机会却仍是他父亲给他的，所以我们就仍不能不感谢司马谈了！司马迁又说"凡作乐者，所以节乐"，也是大发现。只有在这一点上，礼与乐才有相通。至于所谓"荡涤邪秽……以饰厥性"，简直像亚里斯多德所谓的净化作用（katharsis）：一切艺术都是如此的，一切艺术性的礼乐文化也都是如此的！最后，司马迁用"自然之势"来解释乐之感人，就又表示他没辜负父亲所遗留给他的道家立场了。

司马迁对于《诗》《书》《礼》《乐》的认识说过，现在说到他和《易》的关系。书中引《易》的，有：

《易》曰："井渫不食，为我心恻，可以汲，王明，并受其福。"王之不明，岂足福哉！

——《屈原贾生列传》

《易》曰："失之毫厘，差以千里。"故曰："臣弑君，子弑父，非一旦一夕之故也，其渐久矣。"

——《太史公自序》

这里所引的是《井卦》爻辞和系辞。书中赞美《易》的，有：

盖孔子晚而喜《易》，《易》之为术，幽明远矣。非通人达才，孰能注意焉？故周太史之卦，田敬仲完占至十世之后，及完奔齐，懿仲卜之，亦云：田乞及常所以比犯二君，专齐国之政，非必事势之渐然也，盖若遵厌兆祥云。

——《田敬仲完世家赞》

孔子晚而喜《易》之说，是司马迁所坚持的，在《孔子世家》

上就有:"孔子晚而喜《易》,序彖系象说卦文言。读《易》,韦编三绝,曰:'假我数年,若是,我于《易》则彬彬矣!'"大概因为司马迁在经学上的传受是今文家之故吧,所以他心目中的孔子和六经的关系都是十分密切。司马迁对于《易》的认识既是"幽明",所以凡是《史记》中讲幽明的地方,大抵都可认为是《易》教。例如:

> 人能弘道,无如命何。甚哉,妃匹之爱,君不能得之于臣,父不能得之于子,况卑下乎?既欢合矣,或不能成子姓;能成子姓矣,或不能要其终,岂非命也哉?孔子罕称命,盖难言之也!非通幽明之变,恶能识乎性命哉?
>
> ——《外戚世家》

> 孔子论六经,纪异而说不书,至天道命不传,传其人,不待告;告非其人,虽言不著。……此其荦荦大者,若至委曲小变,不可胜道。由是观之,未有不先形见而应随之者也。
>
> ——《天官书》

> 自古圣王:将建国受命,兴动事业,何尝不宝卜筮以助善?唐虞以上,不可记已。自三代之兴,各据祯祥,涂山之兆从,而夏启世;飞燕之卜顺,故殷兴;

百谷之筮吉，故周王。王者决定诸疑，参以卜筮，断以蓍龟，不易之道也。

——《龟策列传》

在《论语》中孔子不常讲的性命与天道，就是《易》道。孔子人格本有神秘的一方面，也就是浪漫的一方面，在这一点上，尤其惹动司马迁的内心深处。越不可测度，越有诱惑性。孔子的人格乃是无限的，乃是"虽欲从之，末由也已"的，然而因此，却越发让崇拜他的人兴"高山仰止"之思了！

《易》的内容是讲幽明之变，是讲性命之际，是讲天道。至于《易》的构成原理，司马迁却也有扼要的说明："《春秋》推见至隐，《易》本隐以之显。"（《司马相如列传赞》）原来《春秋》是借一些具体事实而推出一些抽象道理，《易》却是由一些抽象原则而借象征为说明的。

六经中，最后应该说到《春秋》。却因为《春秋》对司马迁的精神更有着内在的连系了，所以我们留在下面，特别去探讨。现在可说的，是司马迁浸润于六经者实在深而且久。他对李斯的惋惜，是"斯知六艺之归，不务明政以补主上之缺"，可见知六艺之归，他便认为是应该大有所作为了。司马迁的抱负，正可在这里窥见一个消息！

5.司马迁与春秋

六艺之中的《春秋》,司马迁尤其重视着。这是无怪的,因为不唯他的父亲的遗命是希望他作第二个孔子,继续《春秋》,就是他自己的心胸,也实以作《春秋》的孔子自居。《春秋》绝笔于获麟,《史记》也是"卒述陶唐以来,至于麟止"的;照《史记》上说,孔子是厄于陈蔡,才作《春秋》的(《太史公自序》),而司马迁却也是"遭李陵之祸,幽于缧绁",才"述往事,思来者"的;尤其妙的是,孟子不是说过五百年必有王者兴么?孔子到司马迁,也恰是五百岁,"自周公卒后,五百岁而有孔子,孔子卒后,至于今五百岁",那么,更是应该有第二个作《春秋》的孔子的时候了!这些话的事实如何,我们不必去问,汉武帝是否真获了麟,孔子是否真在陈蔡之厄作《春秋》,司马迁是否真因李陵之祸才动手写《史记》,孔子到司马迁是否已经恰有五百岁,我们都不必管。我们注意的是,不在事实而在心理上,司马迁的话有它的真实性。——这就是:司马迁是第二个孔子,《史记》是第二部《春秋》!

《春秋》是一部单纯的史书么?当然不是,尤其在司马迁的眼光里不是。"《书》以道事",《书》尚且不是单纯的史书,其中已有文化的政治的意义如上所说,何况是"《春秋》以道义",其中的政治性、哲学性乃更浓。

在司马迁觉得,《春秋》原来代表一种政变。你看他在《自序》里说:"桀纣失其道而汤武作,周失其道而《春秋》作,秦失其政而陈涉发迹,诸侯作难。"原来这部《春秋》是和打倒桀纣的汤武,打倒秦始皇的陈涉同类的,那么,它已不止是一部空洞的书册了,却是一种行动,孔子也不止是一个文化领袖了,而且是一个政治领袖——开国的帝王了!

必须在这个意义下,才能了解《春秋》在孔子整个人格中的关系,也必须在这个意义下,才能了解司马迁寄托于《史记》中者之深远。

六艺本不是分割的,每一部代表某种文化上的意义的经典,都和其他经典在沟通着,在印证着,在发明着。因此,《春秋》乃是礼义的根本大法的例证和实施——

> 上大夫壶遂曰:昔孔子何为而作《春秋》哉?
>
> 太史公曰:余闻董生曰"周道衰废,孔子为司寇,诸侯害之,大夫壅之,孔子知言之不用,道之不行也,是非二百四十二年之中,以为天下仪表,贬天子,退诸侯,讨大夫,以达王事而已矣"。子曰:"我欲载之空言,不如见之于行事之深切著明也。"夫《春秋》上明三王之道,下辨人事之纪,别嫌疑,明是非,定犹豫,善善恶恶,贤贤贱不肖,存亡国,继绝世,补敝起废,王道之大者也。……《春秋》辨是非,故长于治人。……《春秋》以道义。拨乱世,反之正,莫近于《春秋》。《春秋》文成数万,其指数千。万物之散聚,皆在《春秋》。《春秋》之中,弑君三十六,亡国五十二,诸侯奔走,不得保其社稷者,不可胜数。察其所以,皆失其本已,

故《易》曰:"失之毫厘,差以千里。"故曰:"臣弑君,子弑父,非一旦一夕之故也,其渐久矣。"故有国者不可以不知《春秋》,前有谗而弗见,后有贼而不知。为人臣者不可以不知《春秋》,守经事而不知其宜,遭变事而不知其权。为人君父而不通于《春秋》之义者,必蒙首恶之名。为人臣子而不通于《春秋》之义者,必陷篡弑之诛,死罪之名。其实皆以为善,为之不知其义,被之空言而不敢辞。夫不通礼义之旨,至于君不君,臣不臣,父不父,子不子;夫君不君则犯,臣不臣则诛,父不父则无道,子不子则不孝,此四行者,天下之大过也。以天下之大过予之,则受而弗敢辞。故《春秋》者,礼义之大宗也。夫礼禁未然之前,法施已然之后,法之所为用者易见,而礼之所为禁者难知。

——《太史公自序》

这样看来,《春秋》可以代表一种法制——是禁于未然的法制,这也就是"礼"。在这里,《春秋》是"是非"的权衡,是"王道"的纲领,是一切人"通权达变"的指南。关于《春秋》在孔子生命史上的重要,以及《春秋》中之确有大义微言,司马迁尤记得详明,那是:

子曰:"弗乎!弗乎!君子病殁世而名不称焉;吾道不行矣,吾何以自见于后世哉?"乃因史记,作《春秋》，上至隐公，下讫哀公十四年，十二公，据鲁亲周故殷①，运之三代，约其文辞而指博。故吴楚之君自称王，而《春秋》贬之曰子；践土之会，实召周天子，而《春秋》讳之曰："天王狩于河阳。"推此类以绳当世。贬损之义，后有王者举而开之，《春秋》之义行，则天下乱臣贼子惧焉。孔子在位，听讼文辞，有可与人共者，弗独有也；至于为《春秋》，笔则笔，削则削，子夏之徒，不能赞一辞。弟子受《春秋》，孔子曰："后世知丘者以《春秋》，而罪丘者亦以《春秋》。"

——《孔子世家》

孔子明王道，干七十余君莫能用，故西观周室，论史记旧闻。兴于鲁而次《春秋》，上记隐，下至哀之获麟，约其辞文，去其烦重，以制义法。王道备，人事浃，七十子之徒，口受其传指，为有所刺讥褒讳挹损之文辞，不可以书见也。

——《十二诸侯年表序》

那么，《春秋》可说是孔子的最大著述，乃是整个生命之最后寄托，其创作时之不苟与认真，子夏也不能有所修润，而且是一生功罪之所系了。假若说六艺中的其他经典也许多少还有身外之

---

① 张守节《史记正义》，解释这句话是："殷中也，又中运夏殷周之事。"我不采取。

物之意,《春秋》却是孔子真正性命心灵中所呼吸着的。《春秋》不是记"实然"的史实,却是"应然"的理想的发挥。据鲁亲周故殷,就是公羊派所谓三科。何休说"新周,故宋,以《春秋》当新王",故宋即故殷(宋为殷后),新周即亲周(《大学》上"在亲民",即"在新民"),以《春秋》当新王即据鲁(孔子说:"其为东周乎?"孔子原想建一个新的东方周帝国!)。故殷者,是因为孔子本是殷后,不忘本。亲周者,是因为孔子有集权思想,他一部整个《春秋》,都是表现一种政治上的向心力的。据鲁者,乃是因为新帝国的理想建设,就以鲁为根据地。这就是《春秋》的大义微言!孔子志在周公,只有在《春秋》里表现得最明显。讲义法,讲传指,都可见司马迁是公羊家的嫡派,不愧他有董仲舒那一位好师友!

《史记》中用公羊家言的地方非常多。例如:

> 《春秋》讥宋之乱,自宣公废太子而立弟,国以不宁者十世。……襄公既败于泓,而君子或以为多,伤中国阙礼义,褒之也,宋襄之有礼让也。
>
> ——《宋微子世家》

这都是采的《公羊传》。《公羊传》隐公三年:"君子大居正,宋之祸,宣公为之也。"《公羊传》僖公二十二年:"君子大其不鼓不成列,临大事而不忘大礼,有君而无臣,以为虽文王之战,亦不过此也。"尤其前一条,为《春秋左氏传》所无。

擅长《公羊传》的是董仲舒。在《儒林列传》中已有:"汉兴至于五世之间,唯董仲舒为明于《春秋》,其传公羊氏也。"《太史公自序》中讲《春秋》是引董生，《十二诸侯年表序》中也说："上大夫董仲舒，推《春秋》义，颇著文焉。"都可见司马迁的《春秋》之学的渊源。

孔子的《春秋》既含有建一个新国之意，难道司马迁也要建一个新国家么？其实并不然。大概照汉人一般的想法，汉朝就已经是一个理想的国家之部分的实现了。司马迁也认为汉朝之"获符瑞，建封禅，改正朔，易服色"，就已经是一个新国家的象征了。他说："《春秋》采善贬恶，推三代之德，褒周室，非独刺讥而已。"（《太史公自序》）原来《春秋》也有颂扬的一方面，他的《史记》就把这方面发挥在对于当代上。司马迁讽刺，固然是真的，他对于当代之感到伟大，感到应该歌颂，也同样是真的。不过不很明显罢了。

歌颂的方面不太明显，讽刺的方面更不能明显。就是在这一点上，他也是取法的《春秋》：

> 孔氏著《春秋》，隐桓之间则章，至定哀之际则微，为其切当世之文，而罔褒，忌讳之辞也。
> ——《匈奴列传赞》

在别一机会，司马迁说："《春秋》推见至隐。"（《司马相如赞》）固然一方面是因为《春秋》在具体事实中见抽象原则，另一方面却也是由于《春秋》有它的忌讳，所谓"为尊者讳，为亲者讳"（《公羊传》闵公元年），因而把一部分史实故意隐藏了；只是那原则却也还是由没隐藏的记录中可以推出而已。

《春秋》不单包含了孔子的政治抱负和政治哲学,而且暗示了孔子对于历法的见解。所以"周襄王二十六年,闰三月,而《春秋》非之"(《历书》)。孔子关于历法的主张是什么呢?原来就是夏历。"孔子正夏时,学者多传《夏小正》云。"(《殷本纪赞》)《论语》上孔子也有"行夏之时"(《卫灵公》,十一)之语,后来司马迁参加汉朝太初历的订定,便也是实现孔子这个理想的。

中国的历史家,一方面是要懂得天道,一方面是要知道并非是记录"实然"的史实,而是发挥"应然"的理想,司马迁在前者是得自《易》教,在后者就是得自《春秋》。司马迁所谓"成一家之言,厥协六经异传"(《太史公自序》),的确是当之无愧了。司马迁既学《春秋》,《春秋》又有那样多的"忌讳""义法""推见至隐",所以他的《史记》,在我们读去时,便也当有很多的保留,当有很多口授的"传指""不可以书见"的地方,这也是自然的了!

6. 司马迁在精神上受惠于孔子的所在

孔子之为历史家,不自作《春秋》始。在《论语》中:

> 子曰:"述而不作,信而好古,窃比于我老彭。"
>   ——《述而》,一

> 子曰:"我非生而知之者,好古敏以求之者也。"
>   ——《述而》,二十

子曰:"夏礼吾能言之,杞不足征也;殷礼吾能言之,宋不足征也。文献不足故也,足则吾能征之矣。"

——《八佾》,九

子曰:"吾犹及史之阙文也,有马者,借人乘之,今亡矣夫。"

——《卫灵公》,二十六

这都可以看出孔子之历史的兴趣。

子曰:"殷因于夏礼,所损益可知也;周因于殷礼,所损益可知也。其或继周者,虽百世可知也。"

——《为政》,二十三

则代表一种历史哲学。

子曰:"夷狄之有君,不如诸夏之亡也。"

——《八佾》,五

子曰:"管仲相桓公,霸诸侯,一匡天下,民到于今受其赐,微管仲,吾其披发左衽矣。"

——《宪问》,十七

这似乎是《公羊传》"《春秋》内其国而外诸夏,内诸夏而外夷狄"(成公十五年),和"不与夷狄之执中国也"(隐公七年)之浓厚的国家思想的先声。

> 叶公语孔子曰："吾党有直躬者，其父攘羊，而子证之。"孔子曰："吾党之直者异于是，父为子隐，子为父隐，直在其中矣。"
>
> ——《子路》，十八

> 陈司败问昭公知礼乎？孔子曰："知礼。"孔子退。揖巫马期而进之曰："吾闻君子不党，君子亦党乎？君取于吴为同姓，谓之吴孟子，君而知礼，孰不知礼？"巫马期以告，子曰："丘也幸，苟有过，人必知之。"
>
> ——《述而》，三十一

这都似乎是《公羊传》《春秋》为尊者讳，为亲者讳，为贤者讳"（闵公元年）之温暖的人情的根据。至于"齐一变至于鲁，鲁一变至于道"（《雍也》，二十四），更似乎是"据鲁亲周故殷"的建一个新国的张本。所以单就《论语》看，孔子实在已经有一个历史家——特别是《春秋》公羊派的历史家——的首领的资格而无愧了。

司马迁学孔子，以《史记》当《春秋》，可说有内在的逻辑的连系性，而无可疑者！除了《春秋》的大义微言，为司马迁所吸取了，以作为他那《史记》的神髓之外，司马迁却也在《史记》中，只就史的方面，受惠于孔子者很多。这是：

第一、对历史上的人物之人格的欣赏和评论

孔子称泰伯为至德（《泰伯》，一），称伯夷"不念旧恶"（《公冶长》，二十三），称子产"有君子之道四"（《公冶长》，十六），称禹"吾无间然矣"（《泰伯》，二十一），称"晋文公谲而不正，齐桓公正而不谲"（《宪问》，十五），称"晏平仲善与人交"（《公冶长》，十七），称尧"巍巍乎其有成功也，焕乎其有文章"（《泰伯》，十九），这种趣味也传给了司马迁。因而《史记》是以人物为中心的一部古代史诗，每一人物，他都有所评论或欣赏。

第二、古典精神

"好古"已是古典精神的表现了，而最代表孔子之古典精神处，则在孔子讲节制，所谓"以约失之者鲜矣"（《里仁》，二十三）；所谓"从心所欲，不逾矩"（《为政》，四）；所谓"乐而不淫，哀而不伤"（《八佾》，二〇）；所谓"《诗》三百，一言以蔽之，曰思无邪"（《为政》，二）；这都是在规矩之中，而不流于放纵或过分的，假若用一个名词说出来，就是所谓雅。在雅的反面，是一些恶趣味，那便是孔子所一律排斥的了，例如，"恶紫之夺朱也，恶郑声之乱雅乐也"（《阳货》，十六），"子不语怪力乱神"（《述而》，二十一）等都是。可是古典精神并不是只注重节制的形式或规矩的，却也还注重内容的充实，只是二者必须立于一种和谐而各得其所的状态，这就是孔子所谓"质胜文则野，文胜质则史，文质彬彬，然后君子"（《雍也》，十八），这才是雅的真意义。司马迁的精神本是浪漫的，常常要横决古典的藩篱而奔逸出去，然而因为被孔子的精神所笼罩之故，所以也便每每流露一种古典趣味了。你看他说"百家言黄帝，其文不雅驯，荐绅先生难言之"（《五帝本纪赞》），"余并论次，择其言尤雅者"（同），"其语不经见，搢绅者不道"（《封禅书》），"至《禹本纪》《山海经》所有怪物，余不敢言之也"（《大宛列传赞》），这都完全是孔子之重雅的口吻！

第三、理智色彩

古典精神的一个重要方面，即理智。孔子不语怪力乱神，对生死鬼神都采取一个极其保留的态度，便正是这方面的表现。司马迁也颇有些地方，极其理智。他不信地脉，《蒙恬传赞》上有："夫秦之初灭诸侯，天下之心未定，痍伤者未瘳，而恬为名将，不以此时强谏，振百姓之急，养老存孤，务修众庶之和，而阿意兴功，此其兄弟遇诛，不亦宜乎？何乃罪地脉哉？"他也不信龟策，而且很客观地采取两种解释："或以为圣王遭事无不定，决疑无不见，其设稽神求问之道者，以为后世衰微，愚不师智，人各自安，化分为百室，道散而无垠，故推归之至微，要洁于精神也；或以为昆虫之所长，圣人不能与争，其处吉凶，别然否，多中于人。"（《龟策列传》）这也是像孔子那样的保留的。他更不信天，例如他说项羽："背关怀楚，放逐义帝而自立，怨王侯叛己，难矣；自矜功伐，奋其私智而不师古，谓霸王之业，欲以力征，经营天下，五年卒亡其国，身死东城，尚不觉寤而不自责，过矣！乃引天亡我，非用兵之罪也，岂不谬哉？"（《项羽本纪赞》）在这里他只从情势上分析，而不信悠悠的命运。其他地方像叙述豫让拔剑击赵襄子之衣，而不采《国策》的"衣尽出血，襄子回车，车轮未周而亡"；叙述荆轲而不采"天雨粟，马生角"的传言；叙述黄帝，还他一个常人的面目："黄帝崩，葬桥山"（《五帝本纪》）；叙述老子，也著出他的乡里和子孙，指明他和黄帝统统不是腾云驾雾的活神仙；这都是极开明，极理智的。

第四、慎重和征信的态度

在司马迁的心目中的孔子是非常谨慎而小心的，所以在《孔子世家》中有"丘生而叔梁纥死，葬于防山，防山在鲁东，由是孔子疑其父墓处，母讳之也。孔子为儿嬉戏，常陈俎豆，设礼容。孔子母死，乃殡五父之衢，盖其慎也"；在《三代世表序》中也有"孔子因史文，次《春秋》，纪元年，正时日月，盖其详哉。至于序《尚书》，则略年月，或颇有，然多阙，不可录，故疑则传疑，盖其慎也"。孔子之"知之为知之，不知为不知"（《为政》，十七），孔子之"多闻阙疑，慎言其余"（《为政》，十八），司马迁是承受了的，所以《高祖功臣表序》上就有"颇有所不尽本末，著其明，疑者阙之"的话，《史记》中常有两三说并存的时候，在司马迁绝不自加判断，却留待后人的抉择；在不懂得他这种保留态度的人，却就以为司马迁多所抵牾了！由于孔子之慎，所以孔子主张"无征不信"（《大学》）。尧舜以上，孔子是不谈的，也就是一种征信的表现。司马迁对这种精神，常常牢记于心：

学者多称五帝，尚矣；然《尚书》独载尧以来。

——《五帝本纪赞》

唐虞以上，不可记已。

——《龟策列传》

夫神农以前，吾不知已。至若《诗》《书》所述，虞夏以来，耳目欲极声色之好，口欲穷刍豢之味，身安逸乐，而心夸矜，势能之荣，使俗之渐民久矣。

——《货殖列传》

夫学者载籍极博，犹考信于六艺，《诗》《书》虽缺，然虞夏之文可知也。

——《伯夷列传》

农工商交易之路通，而龟贝金钱刀布之币兴焉。所从来久远，自高辛氏之前尚矣，靡得而记云。故《书》道唐虞之际，《诗》述殷周之世。

——《平准书》

《诗》《书》所断的时代，也就是司马迁所断的时代。历史家的精神本在求真，本在考信，而司马迁的考信犹不止于文字，他更要参之耳闻目见，他在《大宛列传》的赞上说："《禹本纪》言河出昆仑，昆仑其高二千五百余里，日月所相避隐为光明也，其上有醴泉瑶池，今自张骞使大夏之后也，穷河源，恶睹《本纪》所谓昆仑者乎？"这就不止是考信了，而且有一种科学家的实证精神！在这一点上，司马迁或者业已超过孔子了！

第五、人生的体验与智慧

孔子和一切世界上的哲学家不同，而有一种独特的价值处，就在他不是空洞的理论家，而是渗透于人生者极深，有着丰富的体验与智慧的。像孔子对人生的穷困便是极为了解并同情的，所以他能够说:"贫而无怨难。"(《宪问》,十)孔子对一般人的意志是知道不可勉强或阻遏的,所以他能够说:"三军可夺帅也,匹夫不可夺志也。"(《子罕》,二十六)他又深知人之一生里的诱惑是各有其阶段的,所以他能够说:"少之时,血气未定,戒之在色;及其壮也,血气方刚,戒之在斗;及其老也,血气既衰,戒之在得。"(《季氏》,七)他很明了思想上之格格不入而合作的困难,所以他又能够说:"道不同,不相为谋。"(《卫灵公》,四〇)大概他看到的有希望的青年而无所成就的太多了吧,所以他能够说:"苗而不秀者,有矣夫;秀而不实者,有矣夫。"(《子罕》,二十二)他更看到许多东倒西歪的人物之禁不住风浪吧,所以他会很感慨而含蓄地说:"岁寒,然后知松柏之后凋也。"(《子罕》,二十八)——这都是多么亲切而深远的阅历!司马迁不能不对这有所感印着,于是他的《史记》也便不是一部普通的枯燥的历史教科书,其中也同样有着生活的了悟和烙印了。他的判断,极其明澈,他对人情的揣摩,极其入微。这更不能不说是由孔子之赐使然了!

总之,由于孔子,司马迁的天才的翅膀被剪裁了,但剪裁得好,仿佛一个绝世美人,又披上一层华丽精美而长短适度的外衣似的;由于孔子,司马迁的趣味更淳化,司马迁的态度更严肃,司马迁的精神内容更充实而且更有着蕴藏了!一个伟大的巨人,遥遥地引导着一个天才,走向不朽!

7. 司马迁在心灵深处和孔子的真正共鸣

孔子果然是一个纯粹古典的人物,单单发挥冷冷的理智的么?

并不然。孔子在"不逾矩"的另一面,是"从心所欲"。他的情感上仍有浓烈陶醉的时候,他听音乐,可以三月不知肉味,可以说"不图为乐之至于斯"(《述而》,十四);他的气魄上仍有不可逼视而震撼人的地方,他会说"吾未见刚者"(《公冶长》,十一);他会说"朝闻道,夕死可矣"(里仁》,八);他会说"非其鬼而祭之,谄也;见义不为,无勇也"(《为政》,二十四);他会说"天之未丧斯文也,匡人其如予何?"(《子罕》,五)在这种地方,我们能说孔子没有浪漫倾向么?

在《论语》中,孔子是不语怪力乱神的,可是在《史记》的《孔子世家》中,孔子却就懂得木石之怪,山川之神,以及三尺的短人,三丈的长人了。这说明着什么呢?这是说明司马迁已经把孔子浪漫化,或者说,他所采取的孔子,已不是纯粹的古典方面了。

而且照我看,孔子根本是浪漫的,然而他向往着古典。他一生的七十多的岁月,可视为乃是一个浪漫人物挣扎向古典的过程。"七十而从心所欲,不逾矩",是到了生命的最后,他的挣扎成功了!孔子是殷人,到他临死时,他有着身为殷人的自觉,所以他对子贡说"天下无道久矣,莫能宗予。夏人殡于东阶,周人于西阶,殷人两柱间。昨暮,予梦坐奠两柱之间,予殆殷人也",过了七天,他便死了(《孔子世家》)。可是他羡慕的是周,"郁郁乎文哉"的周。殷人尚鬼,殷本是一种重感情,富有宗教情绪的文化,周却是讲度数,讲礼乐的一种理智文化。殷是浪漫的,周是古典的。孔子身为殷人,而向慕周,这说明他本为浪漫而渴望着古典!

也就在这种心灵深处,司马迁有了自己的归宿了。所不同者,孔子的挣扎是成功了,已使人瞧不出浪漫的本来面目,而司马迁却不能,也不肯始终被屈于古典之下,因而他像奔流中的浪花一样,虽有峻岸,却仍是永远汹涌着,飞溅着了!

三十三年三月二十二日,写于重庆

儒家之根本精神

（一）

如果说中国有一种根本的立国精神，能够历久不变，能够浸润于全民族的生命之中，又能够表现中华民族之独特的伦理价值的话，这无疑是中国的儒家思想。

儒家思想自成一种博大精深的体系，曰仁，曰礼，曰命，曰敬，曰忠恕，曰性善，曰大同小康……都是它的内涵。甚而至于中国的政治，经济，法律，教育，艺术……以及其他中国文化的各部门，可以说没有一样不为中国儒家之思想所渗透、所灌溉。但现在我要说的，却不是这些，乃是问这些灿烂光华的枝叶，都是从什么地方推行、发展起来的？换句话，就是问中国儒家的精神核心是什么？

（二）

讲儒家，就先要讲孔子——孔子是奠定中国儒家的思想的人，也是把中国民族所有的优长结晶为一个光芒四射的星体而照耀千秋的人。但是许多人并不真正了解孔子。在当时人心目中的孔子，不过是一个经多见广的百科全书式的人物，明白说，佩服他的，不过是他的知识。

其实孔子的真价值，却无宁在他那刚强，热烈，勤奋，极端积极的性格。这种性格却又有一种极其特殊的面目，即是那强有力的生命力并不是向外侵蚀的，却是反射到自身来，变成一种刚强而无害于人，热烈而并非幻想，勤奋而仍然从容，极端积极而丝毫不计成败的伟大雄厚气魄。倘若作为一种艺术看，可说从来没有这样完美无缺的雕像；倘若作为一种剧本看，也可说从来没有这种精彩生动的角色！

往常我曾以为像孟子那样绝顶聪明，又那样刚健爽朗，慷慨热情的人，只因为遇到（在精神上遇到）孔子而锋芒一敛，便作为循规蹈矩的人了。现在一看，却原来另有真理的一面，即原来孔子也正是一个收敛了的孟子。从此我恍然，至圣和亚圣的称号是丝毫不错的，二人的精神在本质上原来是丝毫无异的。这孔孟一贯的精神，便是彻头彻尾，贯注了四千年的祖国文化；在这之中，洗炼了老庄思想的杂质；又熔铸了印度思想的异质的。

（三）

我说孔子思想有彻底的、激烈的一方面，这可以《论语》为证。"非其鬼而祭之，谄也；见义不为，无勇也"（《为政》），二十四）！"朝闻道，夕死可矣"（《里仁》，八）！"志士仁人，无求生以害人，有杀生以成仁"（《卫灵公》，九）。我不知道什么话比这更彻底，更激烈，更"力有万钧"了！那老子、庄子比起来，简直是蚊子哼哼！

孔子常讲仁，但仁不是空洞洞的假慈悲，"微子去之，箕子为之奴，比干谏而死"（《微子》，一），孔子才说"殷有三仁焉"，这其中有一种忠毅坚贞的积极精神在！

看吧，"学如不及，犹恐失之"（《泰伯》，十七），"发愤忘食，乐以忘忧"（《述而》，十九），到老了，还是"不知老之将至"，依然惦记着他的心事："甚矣吾衰也，久矣吾不复梦见周公。"（《述而》，五）

他最喜欢水，"子在川上曰：逝者如斯夫，不舍昼夜"（《子罕》，十七），为什么？只因水是他那丰盛的不休歇的生命力之象征！

在他那积极勤奋之中，却有一种不计成败的精神，即"知其不可而为之"（《宪问》，三十八），而且有一种乐趣："君子坦荡荡，小人长戚戚。"（《述而》，三十七）所以他的进取，不是躁进，不是蛮取。他既没有像浮士德那样在进取中有些烦闷焦灼，也不像康德那样书斋生活的单调枯涩，他乃是像音乐名家的进行曲一样，紧张而有节奏，丰富而有韵致！

然而，"岁寒，然后知松柏之后凋也"（《子罕》，二十八），他是一个再刚强也没有的人物！

（四）

孟子是第一个了解孔子的人，所以反映在孟子书中的孔子大抵是孔子的真面目。

反映在孟子书中的，孔子很彻底而不妥协。其中有"孔子曰，道二，仁与不仁而已矣"（《离娄》上，二），简单明了，毫不游移模糊。又有"孔子曰，恶似而非者，恶莠，恐其乱苗也，恶佞，恐其乱义也，恶利口，恐其乱信也，恶郑声，恐其乱乐也，恶紫，恐其乱朱也，恶乡愿，恐其乱德也"（《尽心》下，三十七），森严而不苟且，毫不妥协！

孔子之喜欢水，孟子解释得最好；"徐子曰：仲尼亟称于水曰，水哉水哉，何取于水也？孟子曰，源泉混混，不舍昼夜，盈科而后进，放乎四海，有本者如是，是之取尔。"（《离娄》下，十八）"本"是什么？正是积极不懈的生命力。

大凡同样的对象，最可以看出人观感的不同。例如同是"沧浪之水清兮，可以濯我缨；沧浪之水浊兮，可以濯我足"的歌，在《楚辞》中的渔父听了，感到"圣人不凝滞于物，而能与世推移"，这就是老庄一派随波逐流，自命聪明的人物的观感。可是孔子也听见这歌，却说："小子听之，清斯濯缨，浊斯濯足矣，自取之也。夫人必自侮然后人侮之，家必自毁而后人毁之，国必自伐而后人伐之。"（《离娄》上，八）我说孔子那强有力的生命是反射到自身来的，此处表现于孟子书中的孔子正是如此。

孔子的彻底精神，又表现于对大小事也负责尽职上，"孔子尝为委吏矣，曰会计当而已矣；尝为乘田矣，曰牛羊茁壮而已矣"

（《万章》下，五），我想这是很真确的。因为孔子最崇拜周公，而周公正是忠勇负责的。

孟子得孔子的真精神，所以他一方面说"君子创业垂统为可继也，若夫成功则天也，君如彼何哉？强为善而已矣"（《梁惠王》下，十四），这就是知其不可而为之；一方面又说"仁者如射，射者正己而后发，发而不中，不怨胜己者，反求诸己而已矣"（《公孙丑》上，七）——这就是把强有力的生命力反射到自身。更如讲浩然之气，也正是孔子那种勤奋不懈而绰然有余裕的精力毅力之具体化。

（五）

不唯表现于孟子书中者如此，即表现于其他经典中者亦无不如此。

在《易经》上，"天行健，君子以自强不息"，"龙，德而隐者也……确乎其不可拔，潜龙也"（乾卦），这不是我上面所说的孔子积极精神是什么？又说"君子进德修业，欲及时也"，这就是"学如不及，犹恐失之"的勤奋状态。更说"亢之为言也，知进而不知退，知存而不知亡，知得而不知丧，其唯圣人乎？知进退存亡而不失其正者其唯圣人乎"，这也就是孔子"知其不可而为之"的气魄。这绝不是意志薄弱的老子，和专说漂亮话的庄子所能梦到的（老庄的思想，我总觉得表现一种不免带了 inferiority complex 的病态！）

另如"刚健而不陷，其义不困穷矣"（需卦），"其德刚健而文明"（大有卦），"刚健笃实辉光，日新其德"（大畜卦），这都代表一种刚性的文化。这种人生态度，乃是由于对宇宙采取一种动力学的观点（dynamic point）而然，所谓"天行健"，所谓"天地之道，恒久而不已也"（恒卦），就都是最扼要的说明。以这样的"世界观"作背景，所以这种思想自成体系，自成面目，非任何势力所能动摇了。在《易经》中且同样表示这种人生态度是自有其乐趣的，所谓"君子以独立不惧，遁世无闷"（大过卦）是。原因即在其积极性不是侵蚀的，乃是自反的，所谓"君子以反身修德"（蹇卦）。《易经》中所表现的精义，也都与上面所说的孔子根本精神相吻合。

表现于《礼记》中者亦然。"临财毋苟得，临难毋苟免"，"父母存，不许友以死，不有私财"，"父之仇弗与共戴天，兄弟之仇不反兵，交游之仇不同国"（《曲礼》），这是多么硬朗的人格！在《儒行》中更有"爱其死，以有待也；养其身，以有为也"；更有"儒有可亲而不可抑也，可近而不可迫也，可杀而不可辱也"，这是什么态度，这是什么精神！在《聘义》中说："勇敢强有力者，天下无事，则用之于礼义，天下有事，则用之于战胜。用之于战胜，则无敌，用之于礼义，则顺治；外无敌，内顺治，此之谓盛德。故圣王之贵勇敢强有力如此也！"以至于在《中庸》中所表现的"强哉矫"，"困而知之"，"勉强而行之"，"有弗学，学之弗能弗措也；有弗问，问之弗知弗措也；有弗思，思之弗得弗措也；有弗辨，辨之弗明弗措也；有弗行，行之弗笃弗措也。人一能之，己百之；人十能之，己千之"，都含有一种用力精勤，反求诸己的原动力！

就是表现于《春秋》的,也是孔子热烈、积极的一方面。"《春秋》为尊者讳,为亲者讳,为贤者讳"(《公羊传》闵公元年),可见在是非之公,立法之严里头,仍不掩一种深厚宏大的情感。其疾恶如仇,是绝不妥协的,"九世犹可以复仇乎?虽百世可也"(《公羊传》庄公四年);"此楚子也,其称人何?贬。曷为贬?为执宋公贬;故终僖之篇贬也"(《公羊传》僖公二十七年);这绝不是一种一发泄就松了劲的情感可比。尤让人感动无穷的,则是其中一种油然的爱国爱乡的热情,例如西狩获麟一事,"非狩而曰狩,大获麟,故大其适也。其不言来,不外麟于中国也;其不言有,不使麟不恒于中国也"(《穀梁传》哀公十有四年),这是多么温暖而没有伤害性的情感!

我不举《诗经》《书经》例证者,因为二者都是在孔子以前就有的现成物;至于《易经》《春秋》不然,这其中或则有着孔子的手泽,或则渗透着孔子的教化,所以孔子的真影子都确然可见,呼之欲出!

我们这样所见的孔子的真影子,乃是儒家的根本精神。这种根本精神,乃是像试金石一样,可以验后来儒家之真伪的!

(六)

汉朝董仲舒有过一句话:"夫仁人者正其谊不谋其利,明其道不计其功。"(《汉书》,卷五十六)我们试用上面的金石试一试,可知毫无问题,这是真正的儒家!

三国时诸葛亮又曾说:"鞠躬尽瘁,死而后已。成败利钝,非所逆睹。"这与儒家的根本精神也若合符节,无怪乎清代的江永赞叹说:"尤近儒者气象。"

宋儒中程朱对于儒家精神更是极其了解的。程子说"今之为学者,如登山麓,方其迤逦,莫不阔步,及到峻处,便止;须要刚决果敢以进";又说"利害者天下之常情也,人皆知趋利而避害,圣人则更不论利害,惟看义当为不当为,便是命在其中也"。朱子说"看来这道理,须是刚硬立得脚住,方能有所成……此诸圣贤都是如此刚果决烈,方能传得这个道理;若慈善柔弱底,终不济事";又说"为学要刚毅果决,悠悠不济事,且如发愤忘食,乐以忘忧,是甚么精神,甚么骨筋"!他们都能看出中国儒家精神的核心,是刚性的;皆可证我在前面不是随便乱说。

清朝曾国藩那"只问耕耘,不问收获"的名言,也仍是中国儒家那一贯英勇的气度。

所以我说这种精神,是中国的立国精神,所以历久不变,川流不息。

(七)

又不止表现在士大夫间而已,却扩而充之,到了没读书,没识字的老百姓身上。

现在我可以举武训。他以叫化子而兴了三个义学。他尝说:"食蝎子,吃蝎子,修个义学我的事","蛇可食,不要怕,修个义学,全在我自家",这都是反求诸己的精神!他也同样在不计成败,勤奋苦斗之中,富有无往而不自得的乐趣。所以他有一次因庙塌了,伤了头,他却说:"打破头,出出火,修个义学全在我!"套朱子话我也要说"是甚么精神,甚么骨筋"了!

可见这种精神,不特是中国所历久不变的,而且又是浸润于全民族之中的!普化到任一个国民的灵魂和血液的!

(八)

我说这是儒家的根本精神,但是我又要说在这外面却又经过了一种的锻炼。其本质是刚性的,但其表现却无妨是达到一种炉火纯青的地步:那就是珠圆玉润,温柔敦厚,"从心所欲,不逾矩","尊德性而道问学,致广大而尽精微,极高明而道中庸"——原来孔子是一个收敛了的孟子!收敛了的!

只有从这种根本精神上可以了解中国人的美感——美感是文化的最高结晶。我们中国在古代喜欢玉,在近代喜欢瓷。为什么?因为它们本质坚硬而外表致密,和谐,一无所窒碍的残渣故!中国的画,讲究"百炼钢作绕指柔",中国的字,讲究"锥画沙","屋漏痕";这都是刚性的,但又是和谐,有韵律的!(中国的真正艺术造诣是壮美而不是优美,此处不能详及。)

中国在诗人中,推崇杜甫。试细观杜甫的全集,他不是没有豪气的;其生命力的丰富,也未尝不升天入地,然而他完全把它锻炼了,而纳之于规矩方圆之中。所以我们读起来,并不觉得飞扬跋扈,却是深入于生活之中,力透乎纸背之外,酣畅淋漓,沉厚雄健!中国人之喜欢杜甫,即是和崇拜孔子同一理由:那里是一个收敛了的孟子,这里是一个就了范的李白!中国人是喜欢刚性的,但又喜欢那刚性是蓄藏的!

懂得这个道理,才能了解中国人之爱好和平。前些日子英伦牛津大学的来电称:"英国人士对于中国文化学术之真义与价值,在过去不无惑疑之处,但时至今日,一方鉴于狭义国家主义之横暴相仇,一方感于中国反日态度之庄严镇静,究竟谁为世界文化之领导者,吾人当无疑义矣。"(据一月二十四日《大公报》中央社译文)这番话,我们当然不能据以自矜,但其中有一点是真实的,就是外国从前对于我们文化学术之真义与价值,不无疑惑之处。是的,真有一点奇怪,中国一方面何以是最爱和平的民族,何以一方面又是御侮最英勇,最不挠的呢?这答案只有问中国传统的儒家精神!

二十八年二月四日于中央大学

用学者的精神写通俗的读物
——李长之和他的《孔子的故事》

《孔子的故事》的作者李长之对于现在的读者或许已经陌生了，但在20世纪50年代那却是一个耳熟能详的名字。

李长之，1910年出生于山东省利津县，曾任北京师范大学教授。《孔子的故事》出版于1956年，是年李长之四十六岁，却已经发表了六百多篇文章，出版了二十多种专著。他是诗人，出版有《夜宴》和《星的颂歌》；他是翻译家，翻译了康德的《判断力批判》，出版有玛尔霍兹的《文艺史学和文艺科学》以及歌德的《童话》；他尤其在批评界和古典文学研究领域享有盛名：他出版有《批评精神》《苦雾集》《梦雨集》。他的《鲁迅批判》，写于尚在清华大学读书的时候，那是经过鲁迅过目的研究鲁迅的第一部专著；他的《道教徒的诗人李白及其痛苦》《司马迁之人格与风格》都是蜚声中外的古典文学研究名著，日本有其译本；他的《中国文学史略稿》是20世纪50年代的热门教材。他勤奋，也有才气，曾经创下一天写一万五千字的论文外加两篇杂文的创作纪录，使得朱自清先生赞叹不已。

李长之写作《孔子的故事》是经过了长期的酝酿的。

他出生在一个书香门第，他的父亲是一个饱学的秀才，懂英文和法文，又写得一手桐城派古文。李长之在中小学读书的时候正赶上张宗昌在山东的统治，他的复古读经政策给李长之打下了良好的儒家经典和古文阅读的功底。

早在20世纪30年代，在李长之撰写《伟大的思想家》一书时他就有写关于孔子的专著的打算，不过当时赶上抗日战争爆发，兵荒马乱，他只写了《伟大思想家的孟轲》，而且即使是此书也没有写完。此后，李长之对于孔子的研究一直没有中断。他是从中国文化的历史和现状去观照孔子的。他不同意五四运动简单的"打倒孔家店"的口号，认为五四运动"不但对于中国自己的古典文化没有了解，对于西洋的古典文化也没有认识。因为中国的古典时代是周秦，那文化的结晶是孔子，试问五四时代对于孔子的真精神有认识吗？反之，那时所喊的最起劲的，却是打倒孔家店"（《五四运动之文化的意义及其评价》1942年5月4日《大公报》）。1939年他写《积极的儒家精神》，发表于《新民族周刊》3卷18期，后收录于《迎中国的文艺复兴》；1941年他写的《孔子与屈原》一文得到了学术界一致的好评，后经宗白华先生的推荐得以担任中央大学的兼任讲师，讲授《论语》和《孟子》；1942年他写《孟子所传之孔子》《从孔子到孟轲》，后者发表在《理想与文化》第2期上；1944年他写《司马迁和孔子》，发表于《读书通讯》第91卷上。1948年他和冯友兰、朱光潜等人联名发起纪念孔子诞辰2500周年纪念，在大公报上发表《孔子可谈而不可谈》，一方面高度评价了孔子在中国文化史上的地位和影响，同时联系当时的形势，痛斥了贪官污吏借祭孔尊孔往自己脸上贴金的丑恶嘴脸。

1954年，上海人民出版社邀约李长之撰写有关孔子的通俗读物，李长之非常高兴，这是他多年的心愿，也是他长期研究孔子的一个虽只是部分开花结果的机会。

李长之选取了一个非常巧妙的视角写孔子——孔子的故事——"我们讲孔子的故事,主要是想使大家看一看孔子在当时是怎样生活着的,以及当时的人(各式各样的人)是怎样看待孔子的"(见《孔子的故事》后记)。

无疑的,孔子是中国历史上最伟大的思想家。"如果说中国有一种根本的立国精神,能够历久不变,能够浸润于全民族的生命之中,又能够表现中华民族之独特的伦理价值的话,这无疑是中国的儒家思想。""讲儒家,就先要讲孔子——孔子是奠定中国儒家的思想的人,也是把中国民族所有的优长结晶为一个光芒四射的星体而照耀千秋的人"(《中国文化传统之认识上:儒家之根本精神》,见《迎中国的文艺复兴》,商务印书馆,1944年)。但是,自五四运动"打倒孔家店"以来,孔子又是现当代中国文化界争议最大的人物。李长之选取讲"孔子在当时是怎样生活着的,以及当时的人(各式各样的人)是怎样看待孔子的",在很大程度上避开了争议,避开了挑战的尖锐,从而以比较客观地讲述历史的方式,以当时广大读者最容易接受的叙述方式介绍这个伟大的人物。

作为批评家,作为写过《鲁迅批判》《道教徒的诗人李白及其痛苦》《司马迁之人格和风格》的学者,李长之最善于进行传记式的批评,他善于观察作家的"人格和风格互相辉映阐发,感同身受地进入作家的文学世界中吟咏,把创作看作是作家生命的流露,从而深入把握作家的独特的生命,把生动的人格形象写下来"(温儒敏《中国现代文学批评史》第十一章《其他几位特色批评家·李长之的传记批评》，北京大学出版社，1993年）。而讲述孔子的故事这种叙述方式，使得李长之最大限度地发挥其原有的优长，绘声绘色地将孔子的精神面貌和生平事迹展现在我们的面前。

但是写孔子的故事有相当的难度，其难度不仅在评价的分寸上，也在于传主史料的零碎和不足上。虽然《论语》《礼记》等先秦典籍对于孔子的言行有较详尽的记录，司马迁的《史记·孔子世家》勾画了粗略的轮廓，但按照现代人对于人物传记的整理而言，其资料的爬梳、辨析难度是相当大的。比如，《论语》虽然记载了孔子的言行，但基本是语录体且无编年，哪段话是孔子什么时候说的，哪段话是孔子所说而非其弟子所言，后人有时很难判断。再比如，《礼记》《孝经》等书，在研究孔子及其儒家思想方面用处很大，但传记史料则付阙如。司马迁的《孔子世家》为我们描绘出其生平梗概，却重在精神思想方面，人物则写得神龙见首不见尾，迷离徜徉。因此，表面上看，文献典籍中孔子的言行记录不少，但真正在写传记时贯穿起来难度却很大。在现代为孔子作传，李长之的《孔子的故事》即使不能说是白手起家，其筚路蓝缕之艰难也可想而知之。李长之由于对于孔子研究得很深，他在这方面的努力应该说做得是相当严谨的。

《孔子的故事》是一部通俗的读物，李长之没有因此减弱他斟酌史料的严肃性，相反，他对于相关的史料在取舍拣择上都做到有根有据，一丝不苟。《孔子的故事》几乎每一页都有相关的脚注。全书不过七万余字，而脚注多达二百三十九条，引书几十种之多。可称言必有据。这些脚注看似不起眼，却凝铸着作者的史学眼光和不苟的精神。作者所引的文献几乎囊括了目前我们所见有关孔子事迹言行的所有史料,同时也包括了二十世纪五十年代孔子研究的最新成果,有些史料的运用反映了李长之史眼的独具,比如在第七节"孔子在齐国政治活动的失败"讲到晏婴和孔子的对立时的脚注说:"见《墨子·非儒》篇、《晏子春秋》外篇第八。晏婴虽然和墨翟出身不同,但他节用的主张,却是墨翟赞成的,所以就思想渊源上说,晏婴思想可认为墨家部分思想的先驱。后来儒、墨两派的对立,可以在晏婴和孔子的主张不同上反映出他们最早的分歧来。"第十四节"孔子终于出走"叙述孔子"曾经荐举一个赶车的仆人为大夫",其注曰:"参考《史记·齐太公世家》《管晏列传》。《史记》所说越石父'在缧绁中'一语,据日本泷川资言考证,是采自《吕氏春秋》,原文'累之'是因负累作仆,司马迁却误解为'缧绁'了。"李长之所使用的史料不仅有文献,还有出土资料和实地的考察印象,他写第五节"孔子和老子的会见",脚注就说"参考汉武梁祠画像,并依照宋洪适《隶续》对此图的解释"。第二十七节"整理诗歌和音乐"叙述孔子向师襄子讲说欣赏相传是周文王所作音乐的感受,脚注就说——"见《论语·八佾》篇,第二十三章。郑注:'始作谓金奏时,闻金作,人皆翕如变动之貌。'我觉得这样和'翕如'的意思不太符合,此间以我以前听自祭孔时的音乐印象,意译如此。"这些简明的脚注让我们深深感受到李长之在写作《孔子的故事》一书中爬梳史料之细致、勤奋、谨严。

不能说李长之的《孔子的故事》在史料的运用上就完美无瑕,但李长之毕竟通过他的《孔子的故事》把孔子一生基本的轮廓给我们相当翔实生动地勾画了出来。

李长之在文学批评上主张感情的批评主义,他说:"感情就是智慧,在批评一种文艺时,没有感情,是绝不能够充实、详尽、捉住要害的。我明目张胆地主张感情的批评主义"(《我对于文艺批评的要求和主张》见《批评精神》,南方印书馆,1942年)。这使他对于所评论叙述的人物往往充满感情色彩。他是诗人,又是写散文的高手,他的笔锋也带有浓厚的抒情意味。《孔子的故事》中的孔子并不因为李长之在文献上的言必有据而显得古板无生气,恰恰相反,在他的笔下,两千五百余年前孔子栩栩如生的面影经常活跃在字里行间。《孔子的故事》往往大段大段地引用《诗经》和《论语》上的话,李长之把它们译成流畅生动的现代汉语,不仅准确地转译了原意,而且将口吻神态也传递得惟妙惟肖。尤其是,他的笔锋带情感,传递孔子的原话使人不觉,用得巧妙,他写孔子从事教育时的循循善诱,笔调从容和缓,有着人情的温暖和雍容博雅的风度;写孔子外交上的斗争,其勇毅果决的精神诉之于笔下也便痛快淋漓,慷慨激昂;而写孔子的死,则舒缓安详,不啻是一篇肃穆低徊的挽歌:

>一天清早,子贡来看孔子。孔子已经起身,正背着手,手里拿着拐杖,在门口站着,像是等待什么的样子。孔子一见子贡来了,就说道:"赐呵,你为什么来得这么晚呢?"于是子贡听见孔子唱了这样的歌:

>泰山要倒了,
>梁柱要断了,
>哲人要像草木那样,
>枯了烂了!

这是孔子最后的歌声,"哲人"是孔子最后对自己的形容。孔子唱着唱着就流下泪来。子贡感到孔子已经病重了。

　　子贡赶快扶他进去。这时又听见孔子说:"夏代人的棺材是停在东阶上的,周代人的棺材是停在西阶上的,殷代人的棺材是停在两个柱子中间的。我昨夜得了一梦,是坐在两柱间,受人祭奠呢。我祖上是殷人呵。我大概活不久了。"

　　孔子从这天起病倒在床上,再也没起来。经过七天,孔子在弟子们的悲痛中离开了他们。

　　《孔子的故事》总体的行文风格纡徐疏朗,有一种叙事诗的味道。李长之在其《司马迁之人格与风格》一书中评论司马迁写《孔子世家》时说"司马迁的精神,仿佛结晶在孔子的字里行间了,仿佛可以随意携取孔子的用语以为武器而十分当行了","其中有着纯挚的依恋,仰慕的情感在着",这也似乎可以放在李长之所写的《孔子的故事》上。

　　《孔子的故事》在叙述方式上虽然避开了令人烦扰的争议,尽量客观地讲述孔子的生活,但作为批评家,李长之在叙述之余也不忘随着发表三言两语的短论,其中不乏深中肯綮的精辟之言。像他在叙过孔子对于舜的《韶》乐和武王的《武》乐的批评之后,便说:"孔子是反对战争而赞美和平的。这说明孔子对艺术的批评是技巧与内容兼顾的。"在讲过孔子对于《关雎》的评论之后,便说——"这是季札的见解的发挥,同时也就代表孔子自己对艺术的要求:适度而不是过分,健康而不是病态。"尤其在后记中,李长之集中而旗帜鲜明地表述了他对于孔子的看法。他说:"孔子是先秦诸子中最早的一个。他的进步面之一,就是反映奴隶制社会崩溃期的'人'的解放,这个伟大现实在他的思想体系上,就是'仁'的学说,就是把教育从贵族所专有(官学),在一定程度上开放给一般人(私学)。孔子的进步面之二,就是他在这段过渡期——同时也是封建社会的形成期——中,为大一统的封建王朝提供了一些虽然粗略的但是规模宏大的政治建设蓝图,他研究了以往的政治经验,作出了一定程度的总结,又加上一些适合社会发展情况的创造,给后代封建社会的统治规模打下了一些基础。把他称为封建社会的'圣人',不是偶然的。""他有进步面,有落后面,有软弱处,而进步面是主要的,这就是我对于孔子的估价。概括地谈孔子,就是如此。""如果仔细考究下去,孔子的进步面、落后面、软弱处,我认为也还是错综的,好的不完全是好,坏的也不完全是坏。"李长之的看法,在我们今天看来,也许不足为奇,但在当时却相当深刻,相当有针对性,其表述也是需要勇气的。

《孔子的故事》的后记,使得这本小册子虽然叙述的是孔子的生活故事,却又有着强烈的学术色彩。从这个意义上说,《孔子的故事》正文、脚注、后记,是一个整体,在阅读时最好不要偏废。

李长之的一生不仅对孔子在中国文化史上的地位评价极高,而且欣赏孔子的人格精神,他说:"孔子思想有彻底的、激烈的一方面,这可以《论语》为证。'非其鬼而祭之,谄也;见义不为,无勇也'(《为政》,二十四)!'朝闻道,夕死可矣'(《里仁》,八)!'志士仁人,无求生以害仁,有杀生以求仁'(《卫灵公》,

九)。我不知道什么话比这更彻底,更激烈,更'力有万钧'了!那老子、庄子比起来,简直是蚊子哼哼。""孔子常讲仁,但仁不是空洞洞的假慈悲,'微子去之,箕子为之奴,比干谏而死'(《微子》,一),孔子才说'殷有三仁焉',这其中有一种忠毅坚贞的积极精神在!"李长之的人格和精神自然也受到了孔子的浸润濡染。反映在文学批评上是他一再强调批评精神和批评家的人格,"伟大的批评家,眼光是锐利的,同时,感情是热烈的。因为锐利,他见到大处,他探到根本,因为热烈,他最不能忘怀的,乃是人类。他可以不顾一切,为的真理,为的工作,为的使命,这是艺术家的人格,同时也是批评家的人格"(《论伟大的批评家和文学批评史》,见《批评精神》,南方印书馆,1942年)。反映在其人格精神上则是他一贯的坚持疾愚妄和刚直不阿。李长之在1957年被打成"右派","文化大革命"的岁月里又被打成"牛鬼蛇神",但他没有消沉屈服,依然保持着健旺的活力和独立的观点。"文化大革命"初期,北京师范大学的红卫兵到曲阜扫"四旧",砸孔庙,李长之痛心疾首,他说:"孔庙是国务院立下石碑的全国重点文物保护单位,就这样被'造反',简直是胡闹!""对一个在历史上影响这么大的人物简单地进行否定,一棒子打死,是不负责任而又无能的表现。"批林批孔时,他公开地讲:"儒家和法家思想是一种意识形态,属于历史的范畴,它不能'万岁',实际上汉朝的董仲舒已经不再是原来意义的儒家了,时代变了,却还要硬去找儒法斗争,不是刻舟求剑吗!"李长之是1978年12月去世的,他赶上了粉碎"四人帮"的喜事,看到了改革开放的曙光,却在随着人民迎接祖国进一步昌盛的行列中不幸赍志以殁。

《孔子的故事》只是薄薄的小册子，在李长之的著作中并不是赫赫有名的代表作，从1956年出版到现在也已经过去了四十五个年头，但历史是公正的，隋珠虽小，尘埃难掩。读者并没有忘记它。1979年日本守屋洋翻译了它，以《孔子的思想与生涯》为书名，由德间书店出版。1986年，上海人民出版社在编辑"祖国丛书"时特意收录了它。更有意味的是，1983年某出版社出版了署名石穿的《孔子的故事》，不仅书名雷同，而且毫不掩饰地大段大段地抄袭李长之的《孔子的故事》以成书。这虽然是一桩文林丑事，却也从另一个方面显出李长之的《孔子的故事》难以磨灭的价值。

《孔子的故事》虽然只是薄薄的小册子，但在李长之的心目中，它是占有特殊位置的。李长之在书后的跋中写道："1954年8月1日至8月21日写毕，8月30日修改一过。1955年9月16日至9月28日，重改誊抄一过。1956年1月27日，改定。同年5月22日，再改定。"这样不厌其烦地反复地推敲修改，在才气横溢、下笔千言的李长之的创作经历中是十分罕见的。这一方面反映了《孔子的故事》撰写的难度，反映了李长之的严谨和不苟，另一方面也反映了《孔子的故事》在李长之心目中的重要位置——他希望笔下的孔子的形象完美无缺，以无负于历史！1962年，头戴"右派"帽子，被剥夺了教书和创作权利的李长之又提起笔来修改《孔子的故事》，当时的上海人民出版社也应承改后再版，但终于因为众所周知的原因搁浅了。接下来的"文化大革命"使得李长之的修改稿连同修改意见一起灰飞烟灭。现在,国家昌盛,万象更新,《孔子的故事》有机会再版了,而斯人已去,给我们留下了无尽的遗憾。

于天池、李书

长之自订年谱

余年十二,始有日记,战乱流离,四十以前,已无存者。是后虽未辍,然兴会不同,简繁悬殊,有数月而未著一字者。今年逾知命,悔往日而追来者,乃粗列年谱,以自省览,未足为外人道也。长之记,时年五十五。

一九一〇　庚戌　清宣统二年
　　　　　祖父年五十,父年廿三,母年廿二
　　　　　十月卅日,余生于山东利津城内东街,乳名东生。原名长治,后改长植,通行者为长之。

一九一一　辛亥　清宣统三年　一岁
　　　　　外祖家福盛和歇业。

一九一二　壬子　中华民国元年　二岁
　　　　　五月,余随祖父、祖母、母,迁齐河。
　　　　　夏,父毕业于山东高等学堂。在商埠小学任教。时余识字约三百,因伯父劝阻而止。

一九一三　余家迁洛口。余随母赴济南，母入女子师范保姆班。

一九一四　是年三月，余同母回洛口，因种痘，大病，几死。

一九一五　是年春，余全家迁济南，住司里街，康姓家。

一九一六　移住所里街。
余母再入学，系师范班，余则随母入女子师范蒙养园，后称幼稚园。其地在毛家坟。

一九一七　是年春，因伍大洲在周村宣布独立，讨袁世凯，全家避难于东关耶稣教堂，二十余日。余祖母入教，十月病殁。

一九一八　是年夏，因幼稚园迁虹桥，余入济南第一师范附属小学第一部。其地在南城根。时周骅与余为伴。校中所习为文言。

一九一九　济南抗日，校中组十人团，抵制日货。余开始读课外书。

一九二〇　是年改国文为国语。余读至国文第六册时已易书。王世栋任小学主任。

一九二一

一九二二

一九二三　　余入济南第一中学。是年夏识臧克家。

一九二四

一九二五

一九二六　　余考入山东大学附属高级中学文科,旋转理科。

一九二七

一九二八　　余入国民党。

转入齐鲁大学附属高级中学。

一九二九　　三月,日军始退出济南。

春,转入聊城第三师范后期师范,毕业。

秋入北京大学预科甲部(理学院)。国民党关系中断。编北京《益世报》"前夜副刊"。作《我所认识于孙中山先生者》,后六年始发表。

一九三〇

一九三一　　秋考入清华大学生物系。

南下参加抗日请愿,至南京。

一九三二　　《请教于八股式的唯物辩证法》发表。

一九三三　是春，余转哲学系。父病，中风。
参加《文学季刊》编辑委员会。
《我对于文艺批评的要求和主张》发表。

一九三四　任《清华周刊》文艺栏主编。
诗集《夜宴》自印出版。
创刊《文学评论》双月刊。

一九三五　主编天津《益世报》"文学副刊"。三月六日创刊，发表《鲁迅批判》。
五月至彰德、开封、郑州、洛阳、西安旅行。
《论人类命运之二重性及文艺上两大巨潮之根本的考查》发表。
《论伟大思想家的共同点》发表。

一九三六　九月二十日，父年四十九，病逝。时祖父年七十六，母年四十八。
清华大学毕业，任清华华侨生、蒙藏生导师，京华美术学院美学及西洋美术史教授。

一九三七　七月二十日离平，至济。八月十三日至南京。九月初经香港、河内至昆明。
任云南大学教员，讲大一国文、哲学概论、文艺批评。

一九三八　　五月廿九日离滇。经筑，过渝，至蓉。

任成都清华中学高中部语文教员，兼图书仪器主任。

十月卅日，重庆，中央大学助教。

加入中华全国文艺界抗敌协会。

一九三九
一九四〇　　任教育部研究员，研究中国文学批评史。兼中央大学讲师。

夏，参加《星期评论》筹备工作，出版前退出。

《波兰兴亡鉴》《道教徒的诗人李白及其痛苦》《星的颂歌》出版。

一九四一　　任中央大学中国文学系讲师，授中国文学批评史、文学概论、论语研究。

《苦雾集》《西洋哲学史》《文艺史学与文艺科学》出版。

一九四二　　国民党重新登记。

一九四三　　任中央大学副教授。

结婚。

《德国的古典精神》《批评精神》出版。

一九四四　九月二十日，长女李诗生。

主编《时与潮文艺》"书评副刊"。

《迎中国的文艺复兴》《中国画论体系及其批评》《北欧文学》《韩愈》出版。

一九四五　春，在重庆北碚编译馆任编审；夏，以休养辞中央大学。

《梦雨集》《歌德童话》出版。

译康德《判断力批判》，校译席勒《威廉·退尔》。

一九四六　二月二日飞南京，编译馆图书主任。

作《审奸杂感》《燕子》。

主编《和平日报》副刊。

十月五日由海上至北平，任北平师范大学副教授。

主编《北平时报》"文园副刊"。

《论传统精神和传统偏见》发表。

一九四七　二月十三日蒋豫图被捕，余为访胡适，廿三日被释。

为《世界日报》撰社论。七月七日退出。

三月十九日《文园》停。

《司马迁之人格与风格》出版。

一九四八　任北平师范大学教授。

三月二日得读美人SOMERUILLE《苏联哲学》。

一九四九　四月四日作《世上只有一条路》一诗。

四月八日加入新民主主义文化建设协会。

七月出席全国第一次文学艺术者代表大会，会后赴东北参观。先后至沈阳、长春、哈尔滨、大连。

任师大工会副主席。

一九五〇　四月二十日入华北人民革命大学政治研究院学习。

一九五一　三月廿三日次女李书生。

赴四川参加土改。

《大理石的小菩萨》《龙伯国》《李白》出版。

一九五二　《陶渊明传论》出版。

一九五三

一九五四　代理教研室主任。

《中国文学史略稿》第一卷、第二卷出版。

一九五五　八月十八日三子李礼生。

《中国文学史略稿》第三卷出版。

一九五六　《诗经试译》《孔子的故事》《强盗》《司马迁》
　　　　　出版。

一九五七
一九五八　降级处分。

一九五九
一九六〇
一九六一
一九六二
一九六三
一九六四
一九六五　始读世界史。

一九六六
一九六七
一九六八
一九六九
一九七〇
一九七一
一九七二
一九七三
一九七四

一九七五
一九七六
一九七七

注：此《长之自订年谱》为长之先生"悔往日而追来者"所作，时间则 1966 年，为"文革"时也。偏于政治，而学术立场亦重。家庭中叙祖父、祖母、父、母、子、女。不及弟、妻。朋友则叙及周骍、臧克家、蒋豫图。

康德《判断力批判》应该是已经完成。

自一九五七年之后，基本一片空白。

李长之传略

李长之是中国现当代著名的作家、批评家、翻译家、学者、教授。原名李长治，初中至大学曾用名李长植，大学以后用李长之或长之之名。山东利津县人。生于一九一〇年，卒于一九七八年，享年六十八岁。

（一）

李氏家族是利津县的望族，著名古代钱币专家李佐贤就是这个家族的。清末民初文化教育的大变革时期，李氏家族依然居于前列。据民国二十四年修的《利津县续志》[1]记载，从清光绪二十八年到民国二十三年间，利津县的大学及专门学校毕业的学生共五十八人，李氏家族十五人，占了四分之一还要多。其中李长之和他的父亲李泽堉均榜上有名。李泽堉还是县里唯一学习英语专业的，领风气之先。

---

[1] 利津县史志办公室. 利津县志，民国卷：卷五[Z]. 东营：东营市新闻出版局，2007.

李泽埥受过新旧两种教育：既是中国最后一场科举的秀才，又毕业于相当于大学预科的山东高等学堂，掌握两门外语——英语和法语。后任教于济南商埠第一小学，长期在山东省的外交机关——外交部特派山东交涉员公署当公务员。一生勤奋、节俭，没有享受，没有嗜好，甚至也没有娱乐。他在晚年曾对李长之讲："我的生活就像表。在别人看，表的生活是再机械也没有了，是再枯燥也没有了，可是它的生活虽机械而枯燥，但别人假若因为表而作出些有意义的生活，表而有知，表不是也很安慰么？"① 这代表了他的人生观，给予李长之以很深的影响。

　　母亲黄素是一个热情好学而又喜爱艺术的人，从济南山东女子师范毕业后长期从事教育工作。

　　出身世家，父母又都受过新式教育，李长之可谓幸运儿。

　　李长之两岁左右离开利津，随父母先后迁居齐河和洛口，后定居济南。八岁入济南第一师范附属小学读书，后值五四运动爆发，校长王世栋为山东新文化运动代表人物，他把"五四"时期的许多文章汇集为一册《新文化评论》广为宣传。在这个学校，李长之第一次接触到白话文，也接触到解放的思想，阅读了胡适、鲁迅、郑振铎等人的作品。他后来回忆说："我是完全在这新文化运动的洗礼中而生活过来的，我感觉到她的光辉，我承受着她的营养。"②

　　一九二九年，李长之在山东聊城第三师范取得毕业证，负笈

---

① 李长之. 李长之文集：第八卷[M]. 石家庄：河北教育出版社，2006：522.
② 李长之. 李长之文集：第八卷[M]. 石家庄：河北教育出版社，2006：394.

北上，考入北京大学预科甲部（理学院）。一九三一年秋，考入清华大学生物系。一九三三年转入哲学系。在清华大学，他比较系统地学习了西方文化，尤其系统阅读、沉潜研究了德国古典时期温克尔曼、歌德、康德等人的作品，选择了文学批评作为学术研究方向。他参加郑振铎主编的《文学季刊》编委会，主持其中"书评副刊"。与杨丙辰创办《文学评论》。主编天津《益世报》"文学副刊"，发表《鲁迅批判》系列论文，由此奠定了其现当代文学批评家的地位。毕业后在北平先后任清华大学华侨生及蒙藏生导师、京华美术学院教授。

一九三七年，应熊庆来之邀，李长之赴云南大学讲学。因撰写《昆明杂记》事件于一九三八年离任，辗转到四川成都，后到重庆中央大学任助教。在中央大学期间，李长之阅读了希腊古典时期柏拉图等哲学家的巨著。尝言"我有三个向往的时代"，"我所谓的三个可向往的时代：希腊，周秦，古典的德国"。[①] 这三个时代的理想主义是李长之的学术渊源所在，是他的学术理想，也是其学术赖以成就的基础。在中央大学，李长之在讲授中国文学批评史、论语、文学理论、中国小说史等课程和担任《时与潮文艺》双月刊的"书评副刊"主编之余，出版了《西洋哲学史》《波兰兴亡鉴》《批评精神》《梦雨集》《苦雾集》等一系列学术著作，同时翻译了玛尔霍兹《文艺史学与文艺科学》。一九四四年，李长之因病离开中央大学。应梁实秋之约，于一九四五年任北碚中央编译馆编审，翻译康德《判断力批判》。抗战胜利前夕，出版了《迎中

---

① 李长之. 李长之文集：第十卷[M]. 石家庄：河北教育出版社，2006：151.

国的文艺复兴》。

一九四六年,李长之随编译馆复员来到南京,代理编译馆图书主任,负责接收敌伪一部分图书。并为重庆版《世界日报》撰写社论,任《和平日报》"和平副刊"主编,为《世纪评论》杂志撰稿。这一时期,李长之陆续完成其《司马迁之人格与风格》。秋,李长之回到阔别已久的北平,应黎锦熙之邀,任北平师范大学副教授,后任教授,直到去世。

一九四九年北平解放,李长之出席全国第一次文代会。旋即于一九五〇年因《鲁迅批判》受到攻击,并在《武训传》电影被批判时罹网其中。从此"华盖"频仍,在之后的历次政治运动中皆受到攻击。

一九五七年,李长之被错误地划成"右派",从此被剥夺了教学和写作的权利。"文化大革命"爆发,复被打成牛鬼蛇神,受到残酷迫害,于一九七八年因病去世。

(二)

李长之天赋颖悟而又刻苦勤奋。

十二岁在小学时正式开始写作,主要是新诗、散文,发表在《儿童世界》《少年》《小朋友》上。由于他长得瘦弱、矮小,起初常有小孩欺负他。后来孩子们听大人说他是"拿稿费的孩子",便对其产生了敬畏之心。中学时,李长之已是山东《东南日报》、天津《大中日报》记者,济南《长夜》副刊编委。考入清华大学后,曾因主编《清华周刊》文艺栏声名鹊起。当时李长之只是清华本科生,却已经是在北平的闻一多、梁实秋、周作人、郑振铎、巴金、曹禺、卞之琳、俞平伯、李广田、朱自清等众多文化名人的座上客,与远方的鲁迅、老舍、林语堂、臧克家等也有着密切的通信往来。他的文章像雪片一样刊载在《大公报》《国闻周报》《益世报》《再生》《文学季刊》等大型报刊上。

李长之文思敏捷,下笔千言,在他创办刊物、主编副刊期间,经常是一人独立执笔,全面支撑。著名的《鲁迅批判》是他主笔天津《益世报》"文学副刊"时连载的,副刊每逢周三和读者见面,洋洋洒洒万字左右一大版面,引得众多读者伸颈注目,争览报栏。有时报刊索稿,他让人在桌旁喝茶抽烟,自己在另一边执笔挥毫,片刻立就。有一次,朱自清询问他一天写作的最高纪录是多少,他回答说:"快的时候,曾写过一万五千字的长文,还另外写了两篇杂感。"①

李长之极具语言天赋,他通晓英文、法文、德文、日文、俄文,其中俄文是他在四十岁以后所学的,也就几个月的工夫就可以进行翻译了。中国青年出版社一九五四年出版过他翻译的《什么是马克思主义哲学》一书。一九五八年他用英文向国外介绍了中国近代小说《镜花缘》,发表在《中国文学》上。作为翻译家,他的主要译著是德文作品,他翻译了歌德的《歌德童话》,翻译了席勒的剧作《强盗》。他翻译的玛尔霍兹的《文艺史学与文艺科学》,全面介绍了德国关于文艺史学与文艺科学的理论,被宗白

---

① 李长之. 李长之文集:第二卷[M]. 石家庄:河北教育出版社,2006:366.

华称为"有价值的中国还很缺少的文艺科学名著"。他的《德国的古典精神》专门介绍德国古典时期温克尔曼、歌德、康德、席勒、宏保尔特、薛德林的生平和著作,一九四三年由东方书社出版。时隔六十余年,中国社会科学出版社再版了此书。

李长之写作极其勤奋,在他的生活中,"写作是最快乐的了"。也有时由于太投入,"写完了时,面色也发白了,四肢也瘫软了,像生过一次恶性疟疾"。[①] 李长之对写作的条件要求很低,只要有笔,铅笔、钢笔、毛笔都行;只要有纸,哪怕是劣纸、废纸、旧报纸,只要能写上字,都不嫌弃。他写作也很少受环境的干扰,车上、船上、旅店、公园,只要纸笔在手就可以写出来。他可以连续几天不停顿地写作,其主编《时与潮文艺》的"书评副刊"期间所署的时间地点就是明证。他握笔的右手食指长着老茧,也曾因为写作生过几场大病,仿佛他来到这个世上就是为了写作!

他是一个诗人,出版过《夜宴》《星的颂歌》。

与一般诗人不同,李长之的诗歌创作是与他的诗歌理论相伴而行并产生影响的。他认为"诗的本质必须是情感的","诗的精神必须是韵律的","诗的形式必须是自由的"。他认为当日诗坛上的致命伤是"情感上的贫血":"胡适没有诗人的情感","郭沫若有诗人的情感,而粗糙,而不纯粹","徐志摩的诗漂亮则有之,流利则有之,情感也有,然而是浮薄的,缺少一种来源很深厚很绵长的生命力"。[②] 李长之自称其诗"没有风花雪月,没有香草美

---

① 李长之. 李长之文集:第八卷[M]. 石家庄:河北教育出版社,2006:516.
② 李长之. 李长之文集:第三卷[M]. 石家庄:河北教育出版社,2006:98-99.

人,没有惯于看旧诗的所要求的山水画的意境,也没有普洛,或者布尔,但青年人的要求与苦闷却是有的,这里我信是有一颗活的青年人的忠实的心;理想的碰壁,童幻的憧憬,前进的魔障,以及愚妄的压迫。……还有许多说不清的缭绕和纠缠"[1]。李长之少年时代的诗歌充满了童真和童谣色彩,比如《邻家的小孩儿》《小学校的门口儿》等,而进入清华大学之后的诗歌则充满思辨特点,更多表现的是学术的追求、思想的苦闷、理想的探索。诸如《思想的桎梏》《人生几何》《怀李太白——为本书渝版题》《女婴之歌》等。他的《一个青年人的苦闷》原题是《一个思想家的苦闷》,是一九三四年八月至一九三六年四月间其心路历程的形象记录。既有诗歌,又有理论,就其把对思想和理念的追求,把思辨的复杂过程用形象的、韵律的形式表现而言,李长之的诗歌在二十世纪三四十年代的诗坛上颇具特色。

他是一个童话和通俗读物的作家。

也许是李长之始终怀有一颗童心,"始终爱孩子""拥护孩子",也许是受到鲁迅和周作人的影响吧,李长之很早就写过给儿童看的《孩子的书》和《我教你读书》。像诗歌创作一样,李长之为孩子们写的书也是理论和创作相伴而行。他在翻译《歌德童话》时写了长长的序言阐明童话理论,是二十世纪三十年代罕有的童话学理论文字。李长之自己也写童话:《燕子》《龙伯国》《大理石的小菩萨》。这些童话,生动、浅近,更重要、更难能可贵的是带有浓厚的中国传统文化色彩,承载着中国传统文化的血脉。

---

[1] 李长之. 李长之文集:第八卷[M]. 石家庄:河北教育出版社,2006:5-6.

李长之最富盛名的通俗读物是介绍西方哲学的《西洋哲学史》和介绍中国传统文化的《孔子的故事》。对于《西洋哲学史》，抗战时期的重庆《时事新报》评论说："中国近代出版的哲学书数量不大，能散布着智慧的愉悦的更是不多。往往不是晦涩难读，就是企图着纯学术以外的目的，或是两者兼而有之。李长之君这本小的《西洋哲学史》里却包罗着溢出篇幅以外的丰富的哲学生命；这里是西洋两千多年的心灵的探险，智慧的结实；用着热情（**对哲学的真正热爱**）和明澈的态度，为着没有学过哲学书而徘徊于哲学门墙之外的青年写的。"[①] 对于《孔子的故事》，有评者认为"此书有两个显著优点，一是文字能做到真正意义上的通俗，二是史料处理严谨。这两条，对于我们今天做文化普及工作，仍具有示范意义"[②]。在中国现当代文化史上，许多人不很重视通俗读物的创作，有学问的人不屑于做或不肯做，学问少的人又做不好。李长之既有学问，又有爱心，可以说是难得的投入这方面来又取得了非凡成绩的作家和学者。

他是一个散文家。

李长之的散文明晰、通脱、大气。由于受过哲学的系统训练，其散文不斤斤于描头画角，而是高屋建瓴，大处着眼，元气淋漓。他的《大自然礼赞》写于一九三五年，那时他还是大学生，但作品一面世便引起轰动，现在人们依然喜爱它，很多中小学课本和课外读物选了它作为散文精品范本。李长之也写了不少游记，起初

---

① 《时事新报》，《学灯》渝版 135 期，1941 年 7 月 14 日。
② 于天池，李书. 用学者的精神写通俗的读物[J]. 书品，2004（6）.

颇受他的老师邓以蛰《西班牙游记》的影响,婉曲、流畅、充满书卷气,后来形成了自己的风格。那风格是:在描写上,不把重心放在自然风光而是放在民俗和文化上;在结构上,不采用线性叙事顺序而是采用散点透视的原则;在叙述上则采用白描手法,简洁而生动。一九三七年他写的《昆明杂记》曾经引起轩然大波,导致其被迫离开昆明。但多年后,这篇游记得到了学界也包括云南昆明人的理解和首肯。他后来写的《鸡鸣寺小品》《北平风光》也都堪称游记的佳构。李长之的文言文也得心应手,颇有孟子、司马迁的笔调,他的《悼季鸾先生》古色古香,显示了深湛的功力。

  李长之又是一个文学史家。

  二十世纪五十年代初,他写的《中国文学史略稿》一出版,立即受到高校从事中国古典文学教学的师生们的热烈欢迎。第一卷初版印数是5000册,第二卷也是5000册,第三卷初版印数一下子飙升到16000册,这在李长之著作出版史上是破天荒,在当时的古典文学研究出版领域也是一鸣惊人。与时下大量泛滥的文学史著作不同,李长之不是拼凑写作班子,各写一章节,各管一段,而是以一人之力贯穿到底,因此《中国文学史略稿》几卷的观点一以贯之,风格极其统一;他写《中国文学史略稿》也不是仓促领课题,赶任务,而是源于内在的冲动,有着强烈的文化使命感,因此既有丰厚的学术底蕴,又有对于中国文学史的挚爱和探索,充满灵动与沽力。他写《中国文学史略稿》也不是像某些学者在一两年急就上马,而是做了长时间的准备,早在二十世纪三十年代他就立意要写一部中国文学史。为此,他在理论上做了充分的准备,阅读研究了大量西方理论著作,翻译了玛尔霍兹的《文艺史学与文艺科学》，撰写了《北欧文学》，将北欧文学作为他山之石，撰写了《中国文学史导论》《中国文学史上的律则》作为体系前奏，尤其是，他对于中国文学有着系统而深入的观照：从远古的《诗经》到现代的鲁迅，举凡大的作家作品、重要的文学现象，李长之都有重要的单项研究成果问世。这使得《中国文学史略稿》虽然是一部教材，却有着理论的深度和独到的见解，是李长之从宏观的角度对于中国文学史长期沉潜研究的结晶。可惜的是，《中国文学史略稿》第三卷出版后就赶上"反右"斗争，续写的元代文稿和他的主人一起被打翻在地；而明清部分、近代部分、现当代部分，虽断章零篇尚存，其内容则和其主人一起被封存在厚厚的历史尘埃之中。一九七八年春节，改革开放之初，刚刚筹建的大百科全书出版社立刻想到了《中国文学史略稿》，他们找到李长之，要求再版，并且希望在短期内续写未完成的部分。李长之非常高兴，在写好了的《中国文学史略稿新版题记中》慨然说："我只有重整我的专业，没完成的，完成它，已完成的修改好，为祖国的建设增添一砖一瓦，或者权当我的几声呐喊和欢呼，以鸣盛世吧。"[1]岂料天不遂愿，李长之于是年的年底猝然离世，《中国文学史略稿》成了《广陵散》，无人能续！

（三）

尽管李长之在学术领域涉猎甚广，皆堪称一流，但学术界还

---

[1] 李长之. 李长之文集：第七卷[M]. 石家庄：河北教育出版社，2006：710.

是主要以批评家视之,而李长之也最喜欢别人称他为批评家,说:"如果有人称我为批评家,我听了最舒服,比称我什么都好。"①

李长之的批评是广义的批评,相当于英国学者阿诺德所说的 Criticism。他说:"从根本上看,文学批评家就等于批评家,不过,这批评家乃是把他的批评精神应用到文学上去了而已。"② 他创办了中国第一个文学批评杂志——《文学评论》。他主张文学批评要专门化、专业化,"批评家就应当搞一辈子,不能中断,不能松懈"。③ 他是中国现当代最早的职业批评家的杰出代表。

由于李长之学贯中西,其批评的理念是 Criticism,所以其批评的视野极其开阔广博,贯通中外古今,并不限于文学一隅,在现当代批评家当中,无论是从论文的数量还是所涉猎的内容范围上都取得了傲人的成绩。他曾是出色的政论家,为《大公报》《北平晨报》《自由评论》《世界日报》《和平日报》等报刊撰写了许多论时事、论教育的文章。即使就大家公认的文学批评领域而言,李长之的批评实践与其说在文学,毋宁说侧重在文化。他说:"(文学的)工具问题,形式问题,都关联于内容的,内容却关系于整个文化。我们是必须把研究中国文学的事纳入体系的学术的轨道,从世界性,整个性,窥出那文化价值,从而批判之,变改之,由中国文学的新建设,以备人类的美丽健康的文学采择的!""我们要考核中国文学的内容,只有从整个的文化价值(Kulturwert)出

---

① 李长之. 李长之文集:第三卷[M]. 石家庄:河北教育出版社,2006:556.
② 李长之. 李长之文集:第三卷[M]. 石家庄:河北教育出版社,2006:23.
③ 李长之. 李长之文集:第三卷[M]. 石家庄:河北教育出版社,2006:555.

发,来认识我们的大作家。"①正是由于这种文化观念,李长之的文学研究有一种恢宏的气象。他的《司马迁之人格与风格》是现当代研究《史记》和司马迁的重要参考。司马迁是百科全书式的巨人,他所处的时代又是中国在经济、文化、军事、外交全面放射出灿烂光华的岁月,单纯的文学批评家难以观照,单纯的历史评论家也难以掌控,而李长之的宽阔的文化视野则举重若轻地肩负起了这个任务。在所有中国经典作家中,李长之极为重视以孔子为代表的儒家文化,他认为"中国文化的精华在此","如果说中国有一种根本的立国精神,能够历久不变,能够浸润于全民族的生命之中,又能够表现中华民族之独特的伦理价值的话,这无疑是中国的儒家思想"。②在对五四运动进行重新评价之后,他慨言:"我们却希望更深厚,更热情的文化新页早些开始。倘若我们再不要只是瓶中的插花了,那就必须是衔接(不是限于)中国文化传统而后可。"③李长之的某些批评的观点可以商榷,但他对于中国文学的深刻看法,对于中国传统文化的挚爱,对于复兴中国文化的强烈历史使命感,几十年之后反观回视,依然令我们震撼!

中国传统的文化批评,往往是诗话式、评点式,甚至是注释式的,缺乏系统性和体系性。李长之的文化批评引进了西方论文和专著的形式,给予了极大的颠覆。我们不能说李长之是体系批评的第一人,因为早在一九〇四年王国维就以其《红楼梦评论》开

---

① 李长之. 李长之文集:第三卷[M]. 石家庄:河北教育出版社,2006:110.
② 李长之. 李长之文集:第一卷[M]. 石家庄:河北教育出版社,2006:58.
③ 李长之. 李长之文集:第一卷[M]. 石家庄:河北教育出版社,2006:17.

启了现代体系批评的大门；我们也不能说李长之是那个时代唯一运用体系批评的批评家，因为其时无论是京派批评家还是海派批评家，大都也在采用着相关的形式。但是李长之是那个时代写书评最多最好的一个批评家，他的笔尖当日几乎横扫了所有文化名人，著名的批评鲁迅的《鲁迅批判》的出现，不仅是第一次对于鲁迅的批评，也不仅是第一次对于作家的专论。有论者认为李长之的"这种有组织，有体系的批评，在中国当时的文学批评界其意义甚至超越了对鲁迅分析批评的自身"[①]。李长之的《道教徒的诗人李白及其痛苦》甚至也是在古典文学批评领域第一次对于一个作家的专论。某种文艺形式或方法取代旧有的文艺形式或方法需要理论，需要方法，但更需要有实践和示范，只有出现了影响巨大的代表作，其后续又极快且多且好，新的文艺形式和方法才会形成潮流，才会改变旧有的方向，而李长之在这个潮流中无疑是有力的领跑者。

李长之视其批评如创作，尤其强调激情。他自言创作冲动不强烈时不写，酝酿不成熟时不写，没感到和自己的生命有共鸣时不写。他写《司马迁之人格与风格》时多次掩卷哭泣，写《道教徒的诗人李白及其痛苦》又多次大笑而歌。他在批评上主张"感情的批评主义"。这使得李长之的批评文字在明晰之外，有着浓重的抒情色彩和浪漫笔调，有时如火山爆发，若决江河；有时低徊咏叹，如泣如诉。他的论文不像一般的说理论文那样沉闷，絮叨，晦涩，令人生厌，而是明晰，清楚，充满抒情笔调。这是李长之

---

① 于天池,李书. 论批评家李长之对鲁迅的研究[J]. 鲁迅研究月刊,2000(8).

的学术专著在今日能够一版再版的重要原因之一。

作为批评家,李长之最强调也最为人称道的是他高扬的批评家精神。他说:"伟大的批评家的精神,在不盲从。他何以不盲从?这是学识帮助他,勇气支持他,并且那为真理,为理性,为正义的种种责任主宰他,逼迫他。"① "批评是反奴性的。凡是屈服于权威,屈服于时代,屈服于欲望(例如虚荣和金钱),屈服于舆论,屈服于传说,屈服于多数,屈服于偏见成见(不论是得自于他人,或自己创造),这都是奴性,这都是反批评的。千篇一律的文章,应景的文章,其中决不能有批评精神。批评是从理性来的,理性高于一切。所以真正批评家,大都无所顾忌,无所屈服,理性之是者是之,理性之非者非之。"② 他是这样说的,也是这样做的。因此,他的批评往往并不符合中国人爱作绝对肯定或绝对否定的习惯,也不顾及中国人为长者讳、为尊者隐的文化传统。陶渊明是中国文学史上的大诗人,也是李长之喜爱的作家,但他在《陶渊明真能超出于时代么》一文中就指出,陶渊明无论在题材和表现手法两个方面都有着承袭和不高明的地方,"是六朝人的习气使然"③。他是尊敬热爱孙中山、鲁迅先生的,但他写的《我所认识于孙中山先生者》,热爱孙中山先生的人认为李长之的文章诬蔑领袖,否定孙中山先生的人认为他美化吹捧国民党;他的《鲁迅批判》也碰到了同样的情况。比如,他认为鲁迅不是思想家,

---

① 李长之. 李长之文集:第三卷[M]. 石家庄:河北教育出版社,2006:23.
② 李长之. 李长之文集:第三卷[M]. 石家庄:河北教育出版社,2006:155.
③ 李长之. 李长之文集:第七卷[M]. 石家庄:河北教育出版社,2006:427.

是战士。本来这是与不是，是可以讨论的，但在中国的文化环境中，一旦对某个问题的评论上升到政治的高度，一旦意见定于一尊了，相左的意见便不仅难以立足，而且变成了罪恶。《鲁迅批判》这本书在抗战期间被日本人所禁，被国民党所不喜；而新中国成立后的二十世纪五六十年代，它同样成为禁书，成为诬蔑鲁迅的反面教材。李长之去世的前一年，上海某出版社来人，意欲重新出版《鲁迅批判》，条件是将《鲁迅批判》的书名改成《鲁迅分析》。李长之和他们争执良久，后来不无苍凉地说："批判，其实就是分析评论的意思。我为《鲁迅批判》遭了一辈子罪，不改、不出，也罢！"

（四）

李长之无疑在中国现当代文化史上是一个引人注目的学者。

从一方面来看，他的人生，尤其是后半生，充满了悲剧色彩，在践踏和屈辱中走完了人生的旅途。

他远较其他知识分子受批判要早。一九五〇年他就因《鲁迅批判》而写过检查。对电影《武训传》的批判，他也牵扯其中。"三反""五反"中，他被停过课。一九五七年之后，终于被彻底停止了教书、写作的权利。"文化大革命"当中，他被戴上了"高帽子"，被批斗。一九七八年，可能因为不慎摔倒而不起，也可能是长期屈辱艰难的生活使他走到了生命的尽头。总之，他能够活到一九七八年，本身就是生命的奇迹！

但从另一方面来看，李长之又是幸运的。

以他的天资，在封建社会也不过就是一个神童而已。但是，他的童年既沐浴在五四运动的阳光下，又熏陶在齐鲁大地那个传统文化极为浓厚的氛围中。青年时负笈北平，在清华大学学德文，在自由主义的教育环境中最终自由自在地完成了自我。李长之与他的"五四"前辈不同，他没有传统文化的负担，也没有引进西方文化产生排异反应的恐惧。他深受中西两套博大精深文化的教育，中西方文化成果对他来说是一样的精严、一样的叹为观止。所以，李长之有"我有三个向往的时代"那样并列的看法，有着充分的文化底蕴去评论五四运动，并在抗日战争即将结束的时候，乐观地向往着当中国完成了统一、民主之后，会迎来一个无愧于既往的古代文化，也不逊色于西方文化的真正的文艺复兴。

李长之有天才的自觉意识和使命感。他在二十四岁时发表了《告青年文艺者——当心你的二十四岁》一文，说"从来的大作家，多半在二十四岁有他的惊人的处女作"，所以青年人"必须在二十四岁之前有所准备，例如观察分析的能力，对人类社会的认识理解，文字的熟练，和风格的独特，个人的中心思想，也就是人生观的确定，以及种种健全的现代人所应具的学识，都必须充分培养，像花草一样，必须有了种种培植滋养，才能到时候开一朵鲜艳美丽的花朵，在人，这时候便是作了开端的二十四岁"[①]。果然李长之就在是年发表了《鲁迅批判》，奠定了他在中国现当代批评家的地位。从这个意义上说，李长之靠着他的勤奋努力，依靠着时

---

① 李长之. 李长之文集：第八卷[M]. 石家庄：河北教育出版社，2006：290-291.

代的恩赐，没有夭折，没有埋没，是一个成长了的天才。

李长之有幸在还活着的时候赶上"文化大革命"结束，看到了改革开放的熹微的曙光。

他去世后，其学术活动以及在现当代文化史上的贡献，渐渐揭开面纱，显露于世。

著名的现当代文学史家司马长风在一九七五年（*香港尚未回归，李长之尚在世时*），在香港发表《李长之实大于名》的文章，称李长之是民国年间四大批评家之一，其他三人分别是李健吾、朱自清、朱光潜，他认为与其他人相比，"在著作方面李氏未得尽其才，知者甚少，可以说是实大于名的作家"[①]。司马长风说李长之未能尽其才，确实是真知李长之者。据我们所知，李长之除《中国文学史略稿》没有完成外，还有《中国美学史》《杜甫论》《李商隐》等一大堆作品因故死于襁褓。可以想象，假如李长之后来没有遭到厄运，天假之年，继续发挥天纵之才，那么他的如椽之笔该会给中国文坛带来多大的贡献呢！不过，说李长之"实大于名"，则可能只限于司马长风说话的那个年代。历史是相对公正的。有的人，在世时因缘际会，可能声名显赫，名大于实，而死后则身与名俱灭，或名回落到应有的位置；而有的人，虽然由于各种原因，身前寂寞，甚至遭到封杀，但身后却不仅被人存留于长时间的记忆，而且还可能永垂不朽呢！

---

① 司马长风. 李长之实大于名[J]. 香港：明报月刊（集思录），1975-5-28.

图书在版编目（CIP）数据

孔子的故事 / 李长之著 . -- 武汉：华中科技大学出版社，2022.6 (2024.5重印)
ISBN 978-7-5680-7957-0

Ⅰ.①孔… Ⅱ.①李… Ⅲ.①孔丘（前551-前479）–生平事迹–青少年读物 Ⅳ.① B222.2-49

中国版本图书馆CIP数据核字(2022)第066388号

孔子的故事　　　　　　　　　　　　　　　　李长之　著
Kongzi de Gushi

策划编辑：刘晚成　孙　念
责任编辑：康　艳
策划监制：小马BOOK
特约编辑：小马·青橙
责任校对：林凤瑶
责任监印：朱　玢
封面设计：οο·车　球

出版发行：华中科技大学出版社（中国·武汉）	电话：（027）81321913	
武汉市东湖新技术开发区华工科技园	邮编：430223	

印　　刷：湖北新华印务有限公司
开　　本：880mm × 1230mm　1/32
印　　张：9.375
字　　数：191千字
版　　次：2024年5月第1版第2次印刷
定　　价：42.00元

本书若有印装质量问题，请向出版社营销中心调换
全国免费服务热线：400-6679-118　竭诚为您服务
版权所有　侵权必究